Wolff-Christoph Fuss

GEISTERBALL

Wolff-Christoph Fuss

GEISTERBALL
Meine irre Reise durch verrückte Fußballzeiten

Das neue Fuss-Ball-Buch

C. Bertelsmann

Sollte diese Publikation Links auf Webseiten Dritter enthalten,
so übernehmen wir für deren Inhalte keine Haftung,
da wir uns diese nicht zu eigen machen, sondern lediglich
auf deren Stand zum Zeitpunkt der Erstveröffentlichung verweisen.

Penguin Random House Verlagsgruppe FSC® N001967

1. Auflage
© 2020 C. Bertelsmann Verlag, München,
in der Penguin Random House Verlagsgruppe GmbH,
Neumarkter Straße 28, 81673 München
Umschlaggestaltung: Büro Jorge Schmidt, München
Satz: Leingärtner, Nabburg
Druck und Bindung: CPI books GmbH, Leck
Printed in Germany
ISBN 978-3-570-10451-4
www.cbertelsmann.de

Für Emmi und Milla

Inhalt

Prolog 9

Das Ende 13

Die Pause 23

Es geht wieder los 37

Untiefen vor dem Neustart 41

26. Spieltag – Das neue Normal 45

27. Spieltag – Maskenball 55

28. Spieltag – Der Geisterklassiker 63

29. Spieltag – Der Kaffeepott in Paderborn 75

Nachholspiel 85

30. Spieltag – Schalke-Wochen und Fans im Revier 93

DFB-Pokal – Jetzt geht's ans Eingemachte 111

31. Spieltag – Störenfriede und Muskelgruppen 117

32. Spieltag – Die geplatzte Hose 129

33. Spieltag – Besondere Nächte in Anfield 141

Der letzte Spieltag – Vollendete Tatsachen   155

Europa-Maske – Das Triple   163

Das nächste neue Normal   191

Epilog   199

Dank   201

Namensregister   203

Prolog

»HEUTE wird Geschichte geschrieben.« Ein im Sportjournalismus inflationär verwendeter Satz, der die Hoffnung auf ein großes Spiel ausdrückt und kaum je in Erfüllung geht. Der »Eintrag in die Geschichtsbücher« – ein ebenso oft verwendeter Spruch – klingt dann auch weitaus opulenter, als es sich in Wirklichkeit verhält. Niemand wird in 2000 Jahren bei Ausgrabungen ein Buch finden, in dem beispielsweise steht: »Im Jahr XY gewinnt zum ersten Mal Verein XY alle seine Heimspiele in der Hinrunde.« Und kein Mensch der Zukunft wird staunend vor diesem Buch stehen, das Gestein vom Deckel klopfen und den Staub aus den Seiten pusten, anerkennend mit der Zunge schnalzen und voller Staunen zu sich sagen: »Meine Güte, was waren das bei XY doch für Teufelskerle damals!« Kurzum, es gibt dieses Buch nicht. Es gibt statistische Datenbanken, die dann auch während Fußballübertragungen im entsprechenden Fall Alarm schlagen. Versehen mit dem Zusatz: Das gab es soundsolange nicht, oder: Das hat es so noch nie gegeben. Es sind künstlich herbeigeführte Erhöhungen, die ein Kommentator tatsächlich meist vollkommen unbewusst so an den Zuschauer weitergibt.

Es gibt Spiele, da sagt ein Fußballreporter: Heute wurde Geschichte geschrieben. Hier paaren sich im Rückblick Demut und Ergriffenheit, einhergehend mit der Erkenntnis, welch großes Privileg es doch gewesen ist, dieses bestimmte Spiel begleitet haben zu dürfen. Wenn ich meinen persönlichen Fundus der jüngeren Vergangenheit so durchgehe: epische Duelle zwischen Bayern und Dortmund; 2019, als Liverpool den FC Barcelona aus der Champions League warf; das Jahrhundertderby 2017. Etc. pp. Ehe ich mich verliere – von all dem wird in diesem Buch auch die Rede sein. Häufig geht es um spektakuläre Verläufe, vollkommen abgedrehte Dramaturgien oder Titel und Meisterschaften. Zeugen des Spiels können sich hierbei nicht selten noch minutiös an den kompletten Tagesablauf erinnern. Zumindest bis zu dem Zeitpunkt, als möglicherweise erhöhter Alkoholkonsum die Erinnerung besiegte. Ab dem Zeitpunkt war es dann einfach nur noch schön, oder eben nicht mehr. Oder beides.

Nüchtern betrachtet kommt es so gut wie nie vor, dass ein Fußballfan schon vor dem Spiel weiß, dass er gleich etwas Historisches erleben wird, ohne die Bestätigung der folgenden 90 Minuten und des Ergebnisses dafür zu brauchen. Dies änderte sich im Frühjahr 2020. Da wusste er es. Er wusste es, ohne im Stadion gewesen zu sein. Er wusste es, ohne überhaupt ins Stadion zu dürfen. Am 13. März 2020 wurde Bundesligageschichte geschrieben. An diesem Tag wurde erstmals ein kompletter Spieltag abgesagt. 72 Stunden später verlängerte die Deutsche Fußball Liga die Pause bis mindestens zum 2. April. Am 17. März verschob die UEFA die Europameisterschaft für den kommenden Sommer um ein Jahr.

Schon da sickerte durch, dass ein Saisonabbruch in Tateinheit mit dem damit verbundenen Einbehalten der Fernseh- und Sponsorengelder für viele Clubs das ökonomische Ende bedeuten würde. Ein florierender Wirtschaftszweig wie der Profifußball in Deutschland am Ende. Ist das denkbar? Die Liga vor dem Aus, und in 2000 Jahren wird man sagen: Bundesliga? War da mal was?

Es dauerte schließlich bis zum 16. Mai, bis sich der Vorhang wieder öffnete. Danach neun Spieltage in leeren Stadien, mit der Aussicht auf das womöglich spannendste Meister-Finish der letzten Jahrzehnte. Und was wird eigentlich aus der Champions League? Das alles inmitten der schwersten Krise seit Ende des Zweiten Weltkriegs, in Deutschland und weltweit. Es klingt vollkommen surreal. Eher nach Hollywood-Blockbuster denn nach Wirklichkeit.

Verantwortlich war ein Virus, das erst Corona hieß, dann Covid-19, schließlich SARS-CoV-2. Virusfamilie, Atemwegserkrankung (Coronavirus Disease 2019), Erreger-Virus (*Severe Acute Respiratory Syndrome Coronavirus 2*). Ja, in Zeiten der Pause hat dieses Land auch einen Crashkurs in Virologie belegt – ich bin dafür selbst äußerst empfänglich. Für Fachtermini aus verschiedensten Sparten bin ich stets dankbar. Im wahren Leben verschoben sich die Prioritäten, beziehungsweise sie wurden richtig sortiert. Das alte Bill-Shankly-Zitat, es gehe um mehr als um Leben und Tod im Fußball, wurde einmal mehr der maßlosen Überhöhung überführt. Die wahren Helden stehen nicht auf dem Fußballplatz, sondern sind die tragenden Säulen dieses Landes, auch wenn gerade kein unbekannter Erreger vorbeischaut. Medizinische und soziale Pflegekräfte – Menschen, welche die Grundversorgung garantieren. Denen nicht Woche für Woche 80 000 Zuschauer zujubeln. Fairerweise muss man allerdings hinzufügen, dass sie bei einem falschen Handgriff auch nicht im Wochenrhythmus von 80 000 ausgepfiffen und beschimpft werden. Auch all jenen ist dieses Buch gewidmet. Die Kunst dieses Sports ist es, magische Momente zu kreieren, Helden für 90 Minuten zu erschaffen. Die dann bei den Zuschauern ein plötzliches Wohlgefühl auslösen, oder auch spontanen Ärger. Ob jetzt mit Fans im Stadion oder ohne.

Der Fußball ist ein wichtiger Teil dieser Gesellschaft – die schönste Nebensache, von den unwichtigen Dingen die vielleicht wichtigste. Er sollte innerhalb dieser sechs Wochen ein Stück Normalität zurückbringen. Er sollte wirtschaftlich überleben. So entstanden sechs Wochen Bundesligageschichte, sechs Wochen deutscher Geschichte. Neun Spieltage, eingebettet in eine schwierige, oft existenzbedrohende gesellschaftliche Lage. Im Anschluss daran als absolute Novität ein Finalturnier in der Champions League von faszinierender Dramatik. Überlagert von einem Virus, über das zu viele Menschen zu wenig wissen, was sie nicht hinderte, sehr viel darüber zu reden. Das Gesamtszenario war ernst, aber eben nicht nur. Es war dramatisch, aber eben nicht nur. Es war auch skurril und lustig und traurig und fröhlich und spannend. Es war fast wie immer, nur besonders.

Das Ende

FREITAG, 13. März 2020. Das Derby Dortmund gegen Schalke, das ich am nächsten Tag kommentieren sollte, ist also abgesagt. Noch am Tag zuvor hatte es geheißen, alles finde wie geplant statt. Ohne Zuschauer, versteht sich, aber ja, es finde statt. Noch am Vormittag des 13. mussten sämtliche persönliche Daten für die Akkreditierung im Dortmunder Stadion hinterlegt werden. Das kannte ich für gewöhnlich nur von Champions League Finals oder großen Turnieren. Und dort waren eher Sicherheits- als Gesundheitsaspekte der Grund. Die Frage »Hast du Fieber?« war mir durchaus schon im Rahmen von Fußballübertragungen gestellt worden. Allerdings eher während oder nach, nicht aber vor den Spielen. Jedenfalls war auch geplant, jeden der circa 350 handverlesenen Anwesenden einer Fiebermessung zu unterziehen und beim kleinsten Anhaltspunkt für erhöhte Temperatur einen unmissverständlichen Platzverweis zu erteilen. Aber mit Pauken und Trompeten. Vielleicht würde man auch umgehend festgenommen und beim Gesundheitsamt Dortmund in einem Kellerverlies in Gewahrsam genommen. Bei Brot und Wasser gehalten, und in regelmäßigen Abständen kommt einer in Imker-Montur vorbei und misst die Temperatur. Wer weiß das schon? Und das alles nur wegen ein paar mutierter chinesischer Fledermäuse, die über Ischgl nach Heinsberg kamen. Warum auch immer, und wie auch immer. Geflogen, wahrscheinlich.

Der Kreis Heinsberg liegt nicht weit weg von Dortmund. Viele BVB-Fans wohnen dort, auch Schalker, auch Gladbacher. Am vorangegangenen Samstag spielte Mönchengladbach gegen Dortmund. Vor Zuschauern. Ausverkauft, klar, weil Borussia-Duell, weil Meisterschaftsduell. Trotzdem wurde es Zuschauern aus dem Kreis Heinsberg freigestellt, das Spiel zu besuchen. Sie durften ihre Karten zurückgeben, umtauschen, bekamen ihr Geld zurück oder erhielten stattdessen Gutscheine für ein kommendes Spiel ihrer Wahl. Viel Kulanz und viel Tamtam um einen Schnupfen. Dass das durchaus seine Berechtigung hatte, war im Kreis Heinsberg da bereits klar, weil dort schon tagelang Menschen von Medizinern in voller Vermummung getestet, untersucht und behandelt wurden. Unter Quarantäne standen, sich in häuslicher Isolation befanden, intensivmedizinisch versorgt werden mussten, an den Folgen verstarben. Von wegen Schnupfen.

Ich kommentierte am Mittwoch vor dem Derby Paris Saint-Germain gegen Borussia Dortmund. In der Champions-League-Konferenz für Sky. Vor Geisterkulisse. Es gab in der schwarz-gelben Delegation nicht wenige, die das für übertrieben hielten. Einige tausend Anhänger von PSG versammelten sich rund um den Parc des Princes. Vorschriftsmäßig mit Bengalos im Turnbeutel. Dicht an dicht. Bereit, den Viertelfinaleinzug mit der Mannschaft zu feiern. Die Polizei übte sich in deeskalierender Zurückhaltung. Im Stadion verzweifelte die Dortmunder Mannschaft am Schweigen von den Rängen. Ein teilnahmsloser Ritt des Dortmunder Ensembles. Bei einer Atmosphäre wie beim Feierabendkick auf der Betriebssportanlage. Durchaus ergebnisorientiert, aber mit deutlich größerem Interesse nach einem langen Tag an Hochgeistigem nach Abpfiff. Dortmund schlich erst durchs Spiel und dann von dannen. Paris unter Trainer Thomas Tuchel stürmte erst durchs Spiel und dann in den Stadionumlauf, um mit den ab diesem Zeitpunkt endgültig eskalierenden Fans den Viertelfinaleinzug zu feiern. Erstmals seit vier Jahren. Im Parallelspiel an diesem Abend empfing der FC Liverpool zeitgleich Atlético Madrid. Das Stadion an der Anfield Road war randvoll. In vielen Belangen. Die Anhänger des Titelverteidigers waren bereit für eine magische Nacht und willens, alles dafür zu tun. Es war ein großer Abend. Es war zeitweise magisch, oft typisch stimmungsvoll, und doch sollte am Ende dieses Abends Diego Simeone die Cojones seiner Spieler lobpreisen. Diese hatten das emotionale Stahlbad Anfield Road siegreich überstanden. Jürgen Klopp und der FC Liverpool würden sich von nun an ausschließlich auf den Titelgewinn in der Premier League konzentrieren können. Den ersten seit 30 Jahren. 25 Punkte Vorsprung zu diesem Zeitpunkt auf den Zweiten, Manchester City. Goodness me, das wird die Party des Jahrtausends in Liverpool. Für diesen Abend allerdings standen die Erkenntnisse: Klopp raus, Dortmund raus, und Geisterspiele sind scheiße! Unterstützt wurde dieser Eindruck durch das Rheinderby am frühen Abend. Mönchengladbach gegen Köln. Ein paar Delegationsmitglieder beider Clubs saßen auf der Tribüne. In weitestgehend willkürlichen Abständen. In kleinen Gruppen oder alleine, je nach Gusto und üblichen Sehgewohnheiten. Ein behördlich angeordnetes Geisterspiel. Das erste der Bundesligageschichte. Auf den Tribünen keine Ultras in Maleranzügen, keine Entscheidungsträger im Fadenkreuz, keine Präsentation gestohlener Fahnen, kein Platzsturm. Ein paar Dutzend Kölner Ultras waren am Nachmittag grölend durch Mönchengladbach marschiert. Einige Hundert Gladbacher feierten nach Abpfiff den Derbysieg am Stadion.

Mittlerweile liegt jedes Bundesligaspiel unter dem statistischen Mikroskop. Dem Spiel wurde nachgewiesen, dass ungewöhnlich wenige intensive Läufe aus- und intensive Zweikämpfe durchgeführt wurden. Praktisch keine Provokationen auf dem Platz, wenig Lamentieren, kaum Schauspielereien. Lächerliche drei gelbe Karten. Zwei für Foulspiel, eine für Spielverzögerung. Der Boulevard wollte ein »Kuschelderby« gesehen haben. Auch den Protagonisten fehlte es im Spiel ohne die Fans im Stadion an der »entscheidenden Würze«. Das alles habe mit Fußball oder Derby nur sehr am Rande zu tun gehabt, hieß es, unter anderem sogar vom Schiedsrichter des Spiels, Deniz Aytekin.

Mein Heimatsender Sky hatte sich sehr früh mit der Corona-Problematik auseinandergesetzt. Die Champions-League-Sendung zum Spiel von Dortmund in Paris fand bereits ohne Studiopublikum statt, und jeder, der die Sendezentrale in Unterföhring betrat, musste schon Anfang März die Prozedur einer Körpertemperaturmessung über sich ergehen lassen. »36,5«, fachsimpelte mir also unser messender Sicherheitsmitarbeiter entgegen, als ich an besagtem Abend das Studio betrat. »Alter Schwede! Kalt wie eine Hundeschnauze!«, entgegnete ich. »Sie hom a gscheide Untertemperatur!« Ja, so sind sie, die Bayern. Kernig im Ton und messerscharf in der Anamnese. »Da trinkst en Glühwein, dann bist voll dabei!« Und offensichtlich auch mit klarem therapeutischem Blick. Ich nahm seinen Hinweis zur Kenntnis, wenngleich ich im Sinne einer unfallfreien Übertragung auf diese Form der Medikamentierung verzichtete. Wie immer, das möchte ich hier gerne hinzufügen. Dementsprechend untertemperiert beging ich die Übertragung des Spiels Paris gegen Dortmund. Immerhin schien meine Temperatur zu den folgenden 90 Minuten aus dem leeren Prinzenpark zu passen. Der Wahnsinn tobte parallel in Anfield, der Heimat des Fiebers. Als ich später am Abend nach Hause kam, hatte sich die Temperatur in Richtung 37 °C bewegt. Ich nahm es ein wenig überrascht, aber doch auch beruhigt zur Kenntnis. Gesundheit schadet nicht.

So arbeitete ich mich also dem Revierderby entgegen. Mit normaler Temperatur und sinnierend darüber, was mich da am Samstag erwarten würde. Kein Spiel in Deutschland lebt so sehr von Emotionen, von der Nähe, von der Rivalität, von der Hingabe zweier Traditionsclubs. Mit bundesweiter Strahlkraft. Mindestens. In der Regel erfüllt dieses Spiel sämtliche Erwartungen. Manchmal sprengt die Partie auch jeden erwartbaren Rahmen. In der Saison 2018/19 fügte Schalke den Dortmundern die einzige Bundesliga-Heimniederlage des Jahres zu. Ein abstiegsbedrohtes Schalke hatte keine Erwartungen mehr an die Saison, außer der, den Kollegen die Meisterschaft zu versauen. 4:2-Sieg, praktisch ohne Vorwarnung. Mission erfüllt. Der Jahrhunderttrainer Huub Stevens hatte in Feuerwehrmann-Manier seinen Königsblauen auch diesen letzten Gefallen getan. Oder im November 2017: ein Duell, das als Jahrhundertderby in die Geschichte eingehen sollte. Ich war seinerzeit mit Ulli Wegner im Stadion, sollte mit ihm am gleichen Abend aus Oberhausen auch noch einen WM-Kampf im Schwergewichtsboxen kommentieren. Er ist einer der erfolgreichsten Boxtrainer weltweit. Er wollte sich, verständlicherweise, nachmittags das Derby nicht entgehen lassen. Das war der Wahnsinn in 90 Minuten: Dortmund führte nach 25 Minuten 4:0, und Schalke war zu diesem Zeitpunkt zu Gast auf seiner eigenen Beerdigung. Und während ganz Dortmund siegestrunken philosophierte, wie zweistellig es wohl werden würde, schmiedete Schalke-Trainer Domenico Tedesco den Plan zur Aufholjagd. Nach 33 Minuten schon ein Doppelwechsel: Leon Goretzka und Amine Harit für Franco di Santo und Weston McKennie. Zur zweiten Hälfte Matija Nastasić für Thilo Kehrer. Nach 65 Minuten stand es nur noch 4:2. »4:2 nur noch, 25 Minuten sind Zeit, Schalke braucht zwei Tore!«, sprach es aus mir. Als der Satz gesagt war, musste ich kurz innehalten. Was habe ich da erzählt? Grammatikalisch am

Rande der Legalität, ja, rhetorisch so eben vertretbar, ja, aber wie viel Sinn macht so ein Satz? In einem Bundesligaspiel? Also, fraglos, im Europapokal könnte das stimmig sein, so denn eine Mannschaft wirklich gemäß dem Hinspiel noch zwei Tore aufzuholen hätte. Aber in einem Bundesligaspiel, an einem 13. Spieltag, am 25. November 2017? Nicht wirklich. Man könnte es den unbewusst gesetzten Vorboten einer Vorahnung nennen. Oder einfach: Glück. Nachdem Daniel Caligiuri in der 86. Minute den Anschlusstreffer erzielt hatte, vollendete Naldo die Schalker Aufholjagd in der 4. Minute der Nachspielzeit mit einem wuchtigen Kopfball nach einer Ecke von Jewhen Konopljanka. Tedesco sprintete vor die Schalker Kurve, alle Schalker Spieler sprinteten vor die Schalker Kurve, während sich im Rest des Dortmunder Stadions auf Knopfdruck Trauerzugstimmung in Gang setzte und zügig verbreitete. »Schalke 04 gewinnt das Derby mit 4:4!«, fazitierte ich. Mittlerweile habe ich in Interviews so häufig über dieses Derby gesprochen, dass ich sage: »Ja, klar, ich hab's vorausgesehen.« Nur um die Fragerunde abzukürzen. »Wirklich?« »Ja, wirklich.«

Was also bringt Derby 180 im März 2020? Mir fehlen jedwede Erfahrungswerte bezüglich Geisterspielen im Stadion. Ich kenne gefüllte Stadien, in denen aus der Kurve aktiv die Stimmung verweigert wurde. Das Berliner Olympiastadion wirkt halb voll auch eher spärlich. San Siro in Mailand erlebte ich mal bei einem Bremer Champions-League-Spiel mit knapp 20 000 im weiten Rund. Dazu dichte Nebelschwaden – das hatte durchaus etwas Mystisch-Gespenstisches. Auch bei einem Europa-League-Spiel des VfL Wolfsburg 2015 in ebenjenem Stadion hatte ich eher das Gefühl, dass hier Besuchergruppen die Stadiontour gebucht hatten. Aber echte Geisterspiele? Fehlanzeige! Am Ende kann sich ein Kommentator mit handfesten Daten und Fakten aus der Statistik auf ein Spiel vorbereiten. Mit vorgefertigten Einlassungen, Manuskripten oder gar Drehbüchern bewaffnet in 90 Minuten zu gehen ist nicht dienlich. Es gilt der Grundsatz: Sagen, was ist, und daraus die richtigen Schlüsse ziehen. Die richtigen Fragen stellen, richtig interpretieren. Das Spiel macht den Kommentar, und nicht umgekehrt. Insofern beließ ich es beim kurzen Versuch, mich an meinem Schreibtisch in die Geisterkulisse Signal Iduna Park zu denken. Es ist unmöglich. Also fragte ich am Freitagmorgen bei der Dortmunder Pressestelle noch ein paar relevante Rahmendaten ab: Wie viele Menschen inklusive Mannschaften, Stab und Schiedsrichter werden morgen im Stadion sein? Antwort: Die Stadt Dortmund hat 354 genehmigt, ein paar haben abgesagt, also maximal 340. Ich rief den Dortmunder Stadionsprecher Norbert, »Nobby« genannt, Dickel an. Einer der besten seines Fachs und vor allem ein Freund. Ich wollte wissen, wie er denn die Dortmunder Folklore vor dem Spiel zu bedienen gedenke. Er war kurz angebunden, versprach aber, mich am Nachmittag zurückzurufen.

An jenem Freitag, den 13. März, bekam Corona eine extreme Dynamik. Erste bestätigte Fälle innerhalb der ersten und zweiten Liga. Viele Verdachtsfälle. Die Fledermaus von Wuhan bekam ein Gesicht. Die Hektik im Land war spürbar. Die Hektik in Europa war spürbar. Die italienische Liga – abgesagt. Die englische Liga – abgesagt. Französische Liga – abgesagt. Spanien – ebenso. Real Madrid befand sich schon seit Donnerstag in Quarantäne. Ein Basketballprofi des Vereins war positiv getestet worden. Damit war klar: Auch die zweite Phase der Achtelfinalrückspiele in der Champions League würde betroffen sein. Real hatte noch ein Rückspiel offen – bei Manchester City. Die UEFA würde nicht umhinkommen, den Spieltag in der kommenden Woche zu streichen. Aber klar, UEFA, Freitagmittag, da sitzt jetzt keiner mehr. Die Brüder sind längst im Wochenende. Der

Druck auf die deutschen Profiligen wuchs minütlich an. Um 15:01 Uhr schrieb mir Stefan von Ameln, der Projektverantwortliche der DFL für das Derby: »PK-Raum erst nach dem Spiel geöffnet – also morgen keine Vollpension – Produktionsmobil im Tunnel.« Mein Redakteur Michael Morhardt, der während der 90 Minuten immer neben mir sitzt, und ich buchten unsere Flüge um. Eigentlich war für Sonntag die Rückreise im Plan, mit vorheriger Hotelübernachtung. Wir nahmen jetzt die 19-Uhr-Maschine Düsseldorf–München am Samstagabend. Für gewöhnlich ein süßer Traum, aus Dortmund nach Spielende innerhalb von einer Autostunde nach Düsseldorf zu kommen. Zugegeben auch so sportlich terminiert, aber schaffbar. Weil eben nicht über 80 000 Menschen nach Abpfiff das Stadion verlassen würden. Da wir zudem angehalten waren, menschliche Kontakte so gut es ging zu vermeiden, würden wir also mit Schlusspfiff unseren Arbeitsplatz verlassen, ins Auto steigen und auf direktem Wege nach Düsseldorf fahren. Nicht wie gewohnt ein Schwätzchen halten mit Spielern oder Verantwortlichen. Mit den Unparteiischen noch mal über Entscheidungen diskutieren. Aber interessiert sich jemand für ein 1:0, während im Rest der Welt Szenarien gemalt werden, die an fünf vor Armageddon erinnern? Keiner kannte die Gefahr wirklich, keiner kannte den Gegner wirklich, wenige wussten bereits: Es kann lebensbedrohend werden. Die Prognosen waren düster. Überall wurde alles abgesagt, und die deutschen Profiligen wollen trotzdem spielen. Auf der Insel der Glückseligen, am Büffet der Ignoranz, im Epizentrum der Gleichgültigkeit. Oder wie, oder was? Mannschaften aus Bielefeld, Osnabrück, Fürth und Hamburg befanden sich bereits in der unmittelbaren Spielvorbereitung. 18:30 ist am Freitag Anstoßzeit für die Zweitligapartien. Am Abend sollte Fortuna Düsseldorf den SC Paderborn in einem Erstligaduell empfangen. Es fühlte sich nicht richtig an.

Ganz und gar nicht. Um 16 Uhr wurde schließlich der komplette Spieltag abgesagt. Die Liga wurde unterbrochen. Kein Derby also. Die einzig richtige Entscheidung.

25. SPIELTAG – TABELLE (vor Coronapause)

	Verein	SP.	S	U	N	TORE	DIFF.	PKT.
1	Bayern München	25	17	4	4	73:26	47	55
2	Borussia Dortmund	25	15	6	4	68:33	35	51
3	RB Leipzig	25	14	8	3	62:26	36	50
4	Borussia Mönchengladbach	25	15	4	6	49:30	19	49
5	Bayer Leverkusen	25	14	5	6	45:30	15	47
6	FC Schalke 04	25	9	10	6	33:36	-3	37
7	VfL Wolfsburg	25	9	9	7	34:30	4	36
8	SC Freiburg	25	10	6	9	34:35	-1	36
9	TSG Hoffenheim	25	10	5	10	35:43	-8	35
10	1. FC Köln	25	10	2	13	39:45	-6	32
11	1. FC Union Berlin	25	9	3	13	32:41	-9	30
12	Eintracht Frankfurt	24	8	4	12	38:41	-3	28
13	Hertha BSC	25	7	7	11	32:48	-16	28
14	FC Augsburg	25	7	6	12	36:52	-16	27
15	1. FSV Mainz 05	25	8	2	15	34:53	-19	26
16	Fortuna Düsseldorf	25	5	7	13	27:50	-23	22
17	SV Werder Bremen	24	4	6	14	27:55	-28	18
18	SC Paderborn 07	25	4	4	17	30:54	-24	16

Die Pause

FREITAG, 13. März 2020. 16:00 Uhr. Es war, als ob in meinem Leben jemand den Stecker gezogen hätte. Normalerweise sind die Monate März, April, Mai die intensivsten des Jahres. Es sind die entscheidenden Wochen der Saison. Im Drei-Tage-Rhythmus große Spiele, wichtige Spiele, entscheidende Spiele. In normalen Spielzeiten stehen zu Hause gepackte Koffer. Ich komme alle paar Tage vorbei, kurzer Klamottenwechsel, schnelle Frage: Wie geht's den Kindern? Pampige Antwort: Wir haben nur eins, und schon geht's weiter zum nächsten Champions-League-Spiel, zum nächsten Pokalkracher oder zur nächsten wichtigen Bundesligapartie. Es sind auch die Wochen, die den größten Spaß machen. Und jetzt? Frei! Wann geht's weiter? Keine Ahnung! Wie geht's weiter? Keine Ahnung! Was machste jetzt? Keine Ahnung! Es waren die Vorläufer des Tage später vollzogenen Komplett-Lockdowns in Deutschland und in ganz Europa. Das alles hatte im ersten Moment den Touch von: große Freiheit im privaten Gefängnis. Wobei Gefängnis ein etwas unsachlicher Begriff ist.

Einmal im Jahr bin ich nämlich in Münchens größtem Gefängnis zu Gast. Im Sommer, wenn in Stadelheim das große Insassenfußballturnier stattfindet. Ich kann nicht leugnen, dass mich ein etwas mulmiges Gefühl beschlich, als ich vor einigen Jahren zum ersten Mal dort war. Die Anfrage der Justizvollzugsanstalt kam etwas überraschend. Aber ich fand das interessant und spannend und sagte zu. Im weiteren Verlauf der Vorgespräche stellte sich heraus, dass sich die Anstaltsleitung überlegt hatte, es wäre doch ganz nett, wenn ich das Finale als Schiedsrichter begleiten könnte. Ähm, ja klar, ähm, warum nicht?! Wenn im Finale die Bankräuber gegen die Einbrecher spielen, herrscht bestimmt größtes Verständnis für strittige Entscheidungen. Und dass Fairplay gerade hinter Gittern großgeschrieben wird, das weiß doch im Grunde jeder.

»Jo, der Herr Fuss, was hom mer denn ausgfressn?«, begrüßte mich der Beamte am Haupteingang der Haftanstalt. »Äh, nix«, versuchte ich mich an fester Stimme. »Des sogens olle.« Donnerndes Gelächter. Im Hintergrund des Eingangsbereichs hinter einer dicken Glasscheibe erkannte ich drei weitere Kollegen, die sich ebenfalls vor Lachen auf die Schenkel hauten. Offenbar ein Klassiker unter den Gefängniswitzen. Etwas verlegen lachte ich mit. Dieses etwas schüchtern irritierte Haha von mir nahmen die Beamten zum Anlass, die nächste Ausbaustufe ihres Gelächters zu zünden, fanfarengleich. »Is heut' wieder Champions League?«, fragte einer, zwischen den Lachintervallen nach Luft schnappend. »So wurde es mir gesagt«, antwortete ich. »Die Champions League des straffälligen Mannes.« Gelungene Pointe, fand ich, aber stattdessen: »Ja, also. Die Wertsachen, Telefone et cetera bitte ins Schließfach, und dann viel Spaß, Sie werden gleich abgeholt.« Eine durchaus abrupte Rückkehr zur Sachlichkeit. Eine Sozialarbeiterin begleitete mich zum Fußballplatz auf dem Gefängnisgelände. Ich konnte den Platz und die Mannschaften schon von Weitem erkennen und muss zugeben, die Wiese war in ausgesprochen gutem Zustand. Nicht Bundesliga, klar, keine genormten Maße, logisch, aber in der Kreisliga würde es bei diesem Geläuf für den Platzwart zu Weihnachten mindestens einen gut bestückten Geschenkkorb geben. »Lieber Reiner, wir danken dir, du hast einfach ein Händchen für Gras. Alle Nachbargemeinden beneiden uns. Bleib uns bitte noch sehr lange erhalten.« So in der Art. Um den Platz herum circa 200 Inhaftierte, die ihren Teil zum Turnier bereits beigetragen hatten und schon ausgeschieden waren. Den restlichen Verlauf durften sie als Zuschauer verfolgen. Dazu einige Justizvollzugsbeamte, welche die Szenerie beaufsichtigten. Ich kann nicht behaupten, dass ich mich unwohl gefühlt hätte. Ganz und gar nicht. Freundliche Beamte, die nicht mit dem Mutterwitz ausgestattet waren wie ihre Kollegen vom Empfang, hießen mich willkommen. Hier ein Schwätzchen, da ein Pläuschchen. Die Insassen beäugten mich mit einer gewissen Zurückhaltung, aber auch mit einer gewissen Neugier. Ein unbekanntes, neues Gesicht in einem ansonsten abgeschlossenen Kosmos. Aber nach ein paar lockeren Sprüchen brach das Eis, und ein Mann, Mitte 30, gepflegte Erscheinung, kam auf mich zu und fragte: »Du bist doch der von Sat.1, oder?« »Ja, wahrscheinlich, aber da bin ich seit 2012 nicht mehr«, sagte ich. »Da kannste mal sehen, wie lange ich hier schon abhänge. 2010 Robben in Manchester, das warst doch du, oder?« »Ja«, sagte ich. »Da war ich noch draußen«, meinte er. So. Was sagt man in einem solchen Moment? Man kramt im geistigen Portfolio der Plattitüden: Irgendwo zwischen »So klein ist die Welt«, »Sachen gibt's?!« und »Das ist ja auch völlig verrückt!« stellt sich als einzig scheinbar sinnvolle Ausfahrt die Reaktion ein: »Oh!« Wir waren im Jahr 2016. Während ich also »Oh!« sage, kracht es auf dem Platz. Das letzte Halbfinale ist in vollem Gange. Gleich kommt mein großer Auftritt im Finale. Überhartes Einsteigen im Mittelkreis. Ein Evergreen bei jedem Feierabendkick. Der Gefoulte erhebt sich unverletzt, er schnaubt vor Wut, tritt ohne Vorwarnung an seinen Kontrahenten heran, packt ihn mit beiden Händen am

Trikot und versetzt ihm eine krachende Kopfnuss. Blut spritzt, benommen sackt der Mann zu Boden. Innerhalb von Sekundenbruchteilen setzen sich vier Beamte in Bewegung. Ohne Hektik, aber zügigen, bestimmten Schrittes gehen sie auf den Täter zu, packen ihn am Arm und bringen ihn sofort weg. Kein Widerstand, kein Gejohle der Außenstehenden, kein Aufruhr, keine unverhältnismäßige Symbolik. Nichts dergleichen. Ich staune. Ein offenbar branchenüblicher Vorgang. Zigfach erlebt, von den einen zur Kenntnis genommen und von den anderen routiniert abgearbeitet. Der Schiedsrichter des Halbfinales ist auch Justizvollzugsbeamter. Er kümmert sich um den verletzten Spieler, hilft ihm schließlich auf und führt ihn zu uns an die Seitenlinie. Hier wird er kurz medizinisch versorgt und schließlich auf die Krankenstation verbracht. All das passiert innerhalb von wenigen Minuten. »Also dann viel Spaß gleich«, wünscht mein Gesprächspartner, der das Treiben mit mir gemeinsam verfolgt hat. »Na, da bin ich gespannt«, sage ich. »Man sieht sich«, ruft er noch. »Absolut!«, sage ich und finde, dass ich mich bereits sehr gut in das Knastleben integriert habe. Die Sozialarbeiterin, die mich am Eingang abgeholt hat, stand die ganze Zeit etwa zwei Meter von mir entfernt. »Total netter Kerl, der Typ«, meine ich zu ihr. Das finde sie auch, bestätigt sie. »Wie kommt so einer hier hinein?«, frage ich sie und mich. »Freiheitsberaubung, Raub, schwere Körperverletzung, der ist noch ganz lange hier.« »Oha«, mehr gibt mein Plattitüdenschrank auch diesmal nicht her.

»Na, dann lasst uns 20 Minuten ein bisschen Spaß haben«, begrüße ich die beiden Finalteams. 20 Minuten beträgt die Spielzeit. Ich stehe mit beiden Mannschaften im Mittelkreis. Mit einem beherzten Pfiff setze ich das Spiel in Gang. Es ist eine träge Veranstaltung. Das Turnier war lang, und ein Gefängnisaufenthalt trägt nur bedingt dazu bei, die Ausdauerwerte zu verbessern. Die Anfeuerungsrufe der Umstehenden sind eher zaghaft. Die Leiter der Gefängnisabteilungen, die als eine Art Trainer fungieren, sind am lautesten. Ein Spiel ohne große Torraumszenen, fair geführt, keine Kopfnüsse. Etwas Sorgen bereitet mir der Torhüter der einen Mannschaft. Er zuckt immer wieder unvermittelt. Und zwar mit seinem ganzen Körper. Manchmal wirft er sich auch einfach in eine Torecke, ohne dass ein Ball in der Nähe wäre. »Was ist mit eurem Torhüter?«, frage ich einen seiner Mannschaftskollegen. »Er ist auf Drogenentzug, und seine Nerven spielen ein bisschen verrückt.« »Mein lieber Schwan, da hat er aber schweres Zeug genommen.« »Das glaub mal, Alter.« Man müsste einfach nur mal auf sein Tor schießen, denkt der Kommentator in mir. Aber heute bin ich Schiedsrichter und schweige. Ich bin recht zufrieden mit mir. Unauffällige Schiedsrichterleistung, Minütchen noch auf der Uhr. Das wird ein Elfmeterschießen, ganz klar. Eine Verlängerung ist im Reglement nicht vorgesehen, und die würde hier auch rein konditionell keiner mehr durchstehen. Die einzige und mutmaßlich letzte Ecke im Spiel segelt in den Sechzehnmeterraum. Getümmel, ich erkenne ein Halten in Ballnähe, ein Spieler geht zu Boden, und ich pfeife. Elfmeter. Was heißt »Ich pfeife«?, es pfeift aus mir. Das Spiel, 22 Schwerstkriminelle und ich waren 19 Minuten lang eins gewesen. Ein Sommerkick, wie er auch im Englischen Garten hätte stattfinden können. Ein paar Gleichgesinnte haben sich zusammengefunden, haben sich noch einen Dahergelaufenen gesucht, der im weitesten Sinne in der Lage ist, für die Einhaltung der Regeln zu sorgen. Und dann dieser Pfiff. Ein Königreich für eine Zeitlupe. Nix, vorbei. Kölner Keller, Videobeweis? Willst du mich auf den Arm nehmen?! Es war klar, dass dieser Pfiff das Ende der Englischer-Garten-Idylle bedeutet. Unwiederbringlich. Ich komme in der Justizvollzugsanstalt Stadelheim zu mir und sehe zehn Schwerverbrecher auf mich zustürmen, an der Spitze derjenige, der das vermeintliche Foul begangen hat. Mörder, Drogenhändler, Einbrecher, Kidnapper, Bankräuber. Die Zuschauer diskutieren. Aus dem Augenwinkel sehe ich Sicherheitsbeamte sich nähern, in aller Ruhe. Aber ich habe nicht jahrelang Wolfgang Stark, Herbert Fandel, Manuel Gräfe oder Dr. Felix Brych studiert und analysiert, um an dieser Situation zugrunde zu gehen. Stark hatte einst mit dem Habitus eines Imperators seine Entscheidungen vertreten, Fandel mit der Entschlossenheit eines Konzertpianisten, Brych mit intellektueller Überlegenheit, und Gräfe hatte mit seinen knapp zwei Metern Körpergröße seine Habibis schon beruhigt, da waren sie noch nicht unter ihm angekommen. Ich machte mir also von jedem der renommierten Schiedsrichter das Beste zu eigen und hörte gleichzeitig meinen Topspiel-Co-Kommentator Lothar Matthäus in der TV-Übertragung sagen: »Da muss er die Hände einfach weglassen. Völlig unnötig. So kann man ihn geben.« »Der will ihn haben, der will ihn haben«, brüllt mir der Spieler entgegen. »Ja, wenn du das doch weißt, warum lässt du dann die Hände nicht weg?« »Ich hör dich immer gerne, aber das ist 'ne Riesenscheiße«, brüllt er. »Das verstehe ich! Ich kann's aber nicht ändern«, argumentiere ich. »Ach, hör' doch auf.« Nach dieser kurzen Diskussion beruhigte sich die Truppe. So ist Fußball. Egal, ob hinter Gittern oder in Freiheit. Nicht jeder kann jede Entscheidung auf dem Platz nachvollziehen, aber die meisten respektieren sie. Vielleicht schießt er ja auch daneben. Wobei, das dachte ich mir nur, das sagte ich nicht, denn im Tor stand ja niemand Geringeres als unser Drogenfreund. Der Tross aus Wärtern und Gefangenen versammelte sich also hinter dem Tor. Es war die letzte Aktion in diesem Spiel. Wird der Elfmeter verwandelt, ist es vorbei. Wird er nicht verwandelt, gibt es Elfmeterschießen. Hintertor ist also ein ausgezeichneter Platz. Ein netter Showdown. Zumindest dramaturgisch gesehen ein guter Pfiff. Ob er richtig war, daran zweifle ich bis zum heutigen Tage. Selbstbewusst legt sich der Gefoulte selbst den Ball auf den Punkt. Der Torwart steht zuckend auf der Linie. Er konnte in diesen Tagen nicht anders. Ich wünsche ihm von Herzen, dass sich das mittlerweile geändert hat. Der Schütze schreitet zurück und nimmt einen gewaltigen Anlauf, er hat offenbar Großes vor. Aus dem Hintertorbereich hagelt es spitze Bemerkungen in Richtung des Schützen und des Torhüters. Dieser versucht sich schweißgebadet aufrecht auf der Linie zu halten, sein Gegenüber beginnt mit leichten Trippelschritten seinen Anlauf. Zehn, zwölf Meter. Ich hoffe, er schafft es bis zum Ball. Er startet Richtung Elfmeterpunkt, nimmt langsam Fahrt auf und merkt schon nach den ersten Metern: Der Tag war lang, die Beine sind schwer, und der Weg zum Ball war unnötig optimistisch gewählt. Nach der Hälfte des Weges, wo ursprünglich eine Tempoverschärfung vorgesehen war, muss er Gas rausnehmen – was einer flüssigen Elfmeterausführung nicht immer dienlich ist. Den Keeper, offenbar überrascht von dieser ungewöhnlichen Umsetzung, hält es nun nicht mehr aufrecht in der Mitte seines Tores. Mit einem grandiosen Hechtsprung verabschiedet er sich in die rechte Ecke seines Gehäuses. Er bleibt in sich zusammengerollt dort liegen. Der Schütze, seinerseits am Ende seiner Kräfte und angesichts eines nun nahezu leeren Tores und eines bereits von Drogenentzug bezwungenen Torhüters, gerät ins Straucheln. Er kämpft mit dem eigenen Körperschwerpunkt, fängt sich wieder. Ist allerdings von der eigenen Schrittfolge jetzt so überrascht, dass er volles Pfund mit seinem Schuh kurz vor der Kugel in den Boden haut und das Leder nur noch unkontrolliert touchiert. Der Ball setzt sich in Bewegung, kullert allerdings wie in Zeitlupe am linken Pfosten vorbei ins Aus und kommt schließlich unmittelbar hinter der Torauslinie zum Erliegen. Ein Elfer wie eine Karikatur. So schön. Danach war Stimmung im Knast wie bei einem erfolgreichen Ausbruch. Auch bei den Wärtern. Nur der Schütze sank nervlich und körperlich völlig entkräftet zu Boden. Der Torhüter war erleichtert. Ein Drogenentzug ist schmerzhaft, aber hilfreich. Mein umstrittener Pfiff war ohne Folgen geblieben, ich atmete unbemerkt auf. Das anschließende Elfmeterschießen verlief dann letztlich unspektakulär. Nur einer der insgesamt zehn Schützen traf. Der Torwart auf Entzug konnte in ähnlicher Manier noch vier weitere Elfmeter entschärfen. Beim fünften war er machtlos. Damit war klar, ab jetzt komme ich jedes Jahr. Freiwillig. In diesem Jahr 2020 fiel das Sommerturnier leider aus – Corona!

Faszinierend, welche Ereignisse einem in den Sinn kommen, wenn man in häuslicher Isolation sitzt. Zum ersten Mal seit meiner Schulzeit hatte ich wirklich Zeit. Sämtliche Termine waren per Knopfdruck annulliert, das galt auch für alle Reisen. Die große Freiheit in den eigenen vier Wänden. Besinnen darauf, was wirklich wichtig ist. Ich gehöre zu der Spezies Mensch, die sich die eigene Familie nicht nur ausgesucht und gewünscht hat, sondern sich in ihrer Mitte auch sehr wohlfühlt. Zeit ist ein Luxusgut, und plötzlich gab es Unmengen davon. Ich begann meine handwerklichen Fähigkeiten zu entdecken und baute meiner damals fast zweijährigen Tochter ein Gartenhaus. Nicht ohne Stolz möchte ich hier gerne verewigt wissen, dass diese Fähigkeiten durchaus zu meiner Überraschung über das Prädikat Randbegabung sehr deutlich hinausgehen. Durchaus mit einem Hang zum Perfektionismus. Die Schraube muss zum Holz passen. Man möge mir Pedanterie vorwerfen, aber wenn es die Zeit zulässt, warum nicht? Und davon gab es ja reichlich. Himbeeren gepflanzt, Rasen gesät. Ich freue mich schon auf das künftige Fachsimpeln mit den Greenkeepern der Bundesliga. Wenn es nicht richtig wächst: Humobil wirkt Wunder. Beim Gedanken an eine Kräuterschnecke zuckte ich kurz, ließ ihn allerdings doch wieder fallen. Der Abwasch wurde zu einer Art Paradedisziplin. Und bei der Wäsche entwickelte ich ein Händchen für die Härtefälle. Mit Dr. Beckmann vorbereiten und schließlich mit Feinwaschmittel und Feinwaschgang vollenden. Ein Königreich für porentiefe Reinheit. Ich machte wichtige Erfahrungen im medizinischen Bereich. Bereits am zweiten Tag der häuslichen Isolation brach ich mir den kleinen Zeh. Umstrittene Vorfahrtssituation in der Küche, nach einem waghalsigen Ausweichmanöver gegenüber meiner Tochter in voller Fahrt auf dem Roller blieb ich mit dem kleinen Zeh unter dem Mittelblock der Küche hängen. An der Ecke zwischen Bar und Schubfächern im Bodenbereich gibt es eine circa einen Zentimeter große Öffnung. Hier war dem Handwerker einst offenbar der Fugenstoff ausgegangen. Ach, hat er sich wohl gedacht, a) wird das doch keiner merken, und b) was soll da schon passieren? Er hatte nicht eine fast Zweijährige im Blick, die sich auf einem Tretroller in einen Geschwindigkeitsrausch katapultierte, auf ihren Vater zugerast kam, der einerseits einen Zusammenprall vermeiden wollte und andererseits sein Kind vor einem Aufprall am Kühlschrank schützen wollte. Der Bruch des kleinen Zehs taugt wahrhaftig nicht zur Heldengeschichte, wenngleich es doch überraschend und geradezu bemerkenswert ist, an welchen Bewegungen des Gesamtkörpers der kleine Zeh im linken Fuß seinen Anteil hat. Anatomisch außerordentlich spannend. Das sind jeweils intensive Erfahrungen über Wochen, und man braucht schon ein gutes Schmerzmanagement, um trotzdem die Aufgaben des Alltags gut bewältigen zu können. Bis heute ist es so: Wenn das Wetter umschlägt, spüre ich es im kleinen Zeh am linken Fuß.

Aber es war nicht alles schlecht, ganz im Gegenteil, es war vieles wunderschön. Nicht morgens um acht im Flieger nach irgendwohin zu sitzen, sondern stattdessen von einem Finger in Ohr oder Auge geweckt zu werden. Das hat etwas sehr Romantisches, das schafft intensive Bindungen. Statt der Lektüre von Sportmedien: Wimmelbücher, Peppa Wutz oder die kleine Raupe Nimmersatt. »Sachen suchen bei den Tieren« – ich finde alles. Auch das kleine Kuschelzebra in der roten Schubkarre. Statt dass ich mich auf Fußballspiele vorbereitete, bauten wir Türme, kochten, machten Puzzle. Statt Spiele zu kommentieren, spielten wir Ball im Garten, schaukelten und hatten die beste Zeit. Es ist beachtlich, wie viel Wille und Durchsetzungsvermögen ein kleiner weiblicher Mensch bei Maniküre und Pediküre hat. Bei der Wahl der Lackfarbe existiert praktisch keinerlei Kompromissbereitschaft. Volker Rosin ist ein Held. Der Mann singt Kinderlieder. Ein Hit jagt den nächsten: »Der Gorilla mit der Sonnenbrille«, »Turntiger«, »Hoppelhase Hans«, »Tschu Tschu Wah«, der Kerl ist ein begnadeter Hitautomat. Mittlerweile reicht ein Ton, und ich erkenne das Lied. »Der Gorilla mit der Sonnenbrille, uh la la. Tanzt so gerne mit Sybille, uh la la …« Natürlich fragt man sich, warum der Gorilla am liebsten ausgerechnet mit Sybille tanzt. Wahrscheinlich weil sie sich im weitesten Sinne auf Sonnenbrille reimt. Und wir kauften ein. Schon bei meiner Oma wunderte ich mich, wieso Einkaufen täglich zu ihrem Tagesablauf gehörte. Mittlerweile weiß ich es. Es schafft Routinen, Verlässlichkeit. Als meiner Tochter und mir an Tag eins der Isolation in einem Drogeriemarkt ein Duo in Maleranzug, Schutzbrille und Mundschutz gegenübertrat, fand ich das, ehrlich gesagt, etwas befremdlich. In den darauffolgenden Wochen wurden Leute ohne Mundschutz eher die Ausnahme. Nach acht Wochen war er in Geschäften verpflichtend. Ich staunte trotzdem nicht schlecht, als sich mir beim Gang durch München ein Mensch mit Atemschutzmaske und Taucherbrille offenbarte. Als sei es das Normalste von der Welt. Er hatte sicher am Morgen vor dem Verlassen des Hauses bei sich im Flur gestanden und war alles durchgegangen: Schlüssel – habe ich; Geldbörse – am Mann; meine Atemschutzmaske – trage ich voller Eifer auch in den eigenen vier Wänden. So, was fehlt mir noch? Er denkt nach, runzelt die Stirn, kneift die Augen zusammen. Und dann fällt es ihm wie Schuppen aus den Haaren. Die Taucherbrille! Er haut sich mit der flachen Hand auf die Stirn, murmelt so etwas wie: Ts, ts, ts … jetzt werde ich aber echt langsam alt. Packt sich die griffbereit liegende Brille vom Küchentisch, spannt das Gummi über sein Nackenhaar und parkt die Brille fast ein bisschen neckisch zunächst auf seiner Stirn, um sich das Teil dann, sobald er auf die Straße hinaustritt, mit beiden Händen über die Augenhöhlen zu stülpen. So dass sie bequem auf der Nase sitzt. Und so geht's dann auf in die Schlacht mit den Viren. Das komplette Gegenteil erlebte ich dann einige Wochen später. Es herrschte bereits Maskenpflicht in Geschäften. Im Eingangsbereich eines Marktes: Eine Dame wurde darauf aufmerksam gemacht, dass ihr ohne einen korrekten Mund-Nasen-Schutz der Eintritt nicht gestattet werden würde. Ich dachte aus der Distanz: Die hat aber doch was auf, zumindest ist da hinter den Ohren ein Gummi gespannt. Sie erregte sich fürchterlich. Das könne ja wohl nicht der Ernst der Mitarbeiterin sein. Das sei sogar ihr voller Ernst, meinte die. Sie mache sich sonst strafbar. Und sie ließ sich auch nicht erweichen, als die prospektive Kundin argumentierte, sie sei das schon langjährig und auch meist zufrieden und habe schon Abertausende Euro hier gelassen und damit den Arbeitsplatz der Mitarbeiterin über Jahre hinweg gesichert. Dafür bedankte sich die Mitarbeiterin aufrichtig, noch immer auf Verständnis hoffend. Ich drückte mich an dem Disput vorbei, penibel auf 1,50 Meter Abstand achtend, grüßte freundlich, modellierte den oberen Rand meiner Maske nicht ohne Stolz noch etwas exakter über meine Nase. Drehte mich nach ein paar Metern allerdings noch mal um und konnte sehen, dass sich die Dame an ihrer Maske die Mundpartie ausgeschnitten hatte. »Ich bekomme unter der Maske so schlecht Luft«, schnaubte sie. Und nie wieder würde sie auch nur einen Fuß in diesen Sauladen setzen. Das sei insgesamt bedauerlich, aber im vorliegenden Gesamtkontext dann leider nicht zu ändern, retournierte die Mitarbeiterin des Marktes. Sich in Hasstiraden verlierend, zog die Dame schließlich von dannen. Heute bleibt die Küche kalt.

Spazierengehen war auch so ein wiederentdecktes »Hobby« während der Lockdown-Phase. Als Kind war das für mich mit das größte Übel. Einfach ohne Sinn und Verstand irgendwohin zu gehen. Mit Ziel Biergarten oder See oder Eisdiele oder Kiosk oder so, da war ich stets gesprächsbereit. Joggen, laufen gehen, als Teil sportlicher Ertüchtigung – durchaus. Aber einfach nur zu gehen um des Gehens willen – grausam. In Isolationszeiten ist das ein kleines Stück Freiheit, und mit kleinem Kind bekommen die vermeintlich kleinen Dinge wieder große Bedeutung. Spazierengehen ist gleich Entdeckungstour. Und wir hatten damit immer noch mehr Freiheiten als die Kolleginnen und Kollegen in Spanien, Italien oder Frankreich: Die durften über sechs Wochen das Haus zu reinem Freizeitvergnügen nämlich überhaupt nicht verlassen.

Es waren besondere Wochen, besonders schöne, andere Wochen. Eine faszinierende Entschlackung und Entschleunigung im Vergleich zur chronisch erregten Fußball- und Medienbranche. Der Fokus verschiebt sich, Prioritäten werden automatisch richtig gesetzt. Ich liebe meinen Job, der mehr ist als ein Beruf. Er ist Leidenschaft, und im Vergleich zu vielen anderen Berufsgruppen war klar: Es wird irgendwann wieder Fußball gespielt. Und zwar genau dann, wenn die Voraussetzungen dafür wieder geschaffen sind. Das unterscheidet unsere Fußballbranche von so vielen anderen: das Wissen, dass es irgendwann weitergehen wird. Deshalb konnte ich diese acht Wochen wahrhaftig genießen.

Es geht wieder los

NATÜRLICH beschäftigte mich die Frage, wann es wieder weitergeht. Ich gehöre zu den offenbar rund 50 000 Menschen, die sich in und um die Bundesliga bewegen, die auch von ihr leben. Ich gehöre allerdings auch zu den Privilegierten, die ganz gut davon leben. Die überwältigende Zahl der 50 000 sind Kleinstbetriebe, Gastrobetriebe, Ordner, Sicherheitspersonal, die am Wochenende für einen schmalen Taler ihr Einkommen aufbessern – aufbessern müssen. Die über die Heimspiele ihr monatliches Überleben sichern müssen. Deren Lebensgrundlage eine vergleichsweise »normale« Bürotätigkeit in Vereinen ist. Überraschend, ja sogar irritierend war die Nachricht, dass mehr als ein halbes Dutzend der Profliclubs einen Saisonabbruch ökonomisch nicht überleben würden. Rücklagen oder entsprechende Versicherungen gehören offenbar nicht zum Wirtschaftsplan von Fußballunternehmen. Es wird auf höchstem Niveau investiert, es wird auf höchstem Niveau eingenommen. Fällt der zweite Strang auch nur für einen kurzen Zeitraum weg, droht das Gebilde einzustürzen. Das ist zumindest bemerkenswert. Für mich persönlich war immer klar, dass es weitergeht, wenn die Zeit dafür reif ist. Wann das sein würde, war eine virologische, medizinische und politische Frage und weiß Gott keine sportliche. Wenngleich alle Beteiligten in dem vollen Bewusstsein handelten, dass der Fußball in unserer Gesellschaft eine besondere

Position genießt. Man mag ihn, oder man mag ihn nicht. Den wenigsten ist er wirklich gleichgültig. Er generiert demzufolge Schlagzeilen. Insbesondere Politiker ohne wirkliche sportliche Fach- und Sachkenntnis nutzen den Fußball gerne, um sich auf einfachstem Wege Medienpräsenz abzuholen. Die Liga war erst wenige Tage ausgesetzt, da forderten die Ersten schon einen umfangreichen Gehaltsverzicht der Profifußballer. Zu diesem Zeitpunkt waren viele Vereine diesbezüglich bereits in Gesprächen mit ihrer Lizenzspielerabteilung. Alle Vereine und viele Spieler unterstützten in der Folge lokale und regionale Projekte im Kampf gegen die Corona-Pandemie und deren Folgen. Auch die gerade aus Politikerkreisen häufig gescholtenen Ultra-Gruppierungen vieler Bundesligisten beteiligten sich an Hilfsprojekten aller Art. Es ist also durchaus davon auszugehen, dass sich die Liga und ihr unmittelbares Umfeld ihrer Verantwortung für und in der Gesellschaft bewusst sind.

Es dauert so lange, wie es eben dauert. Am 6. Mai beschlossen die Länder und Kanzlerin Angela Merkel, dass die Bundesliga ab der zweiten Maihälfte ihren Betrieb wieder aufnehmen darf. Noch am selben Abend verständigten sich DFL und Vereine auf den 16. Mai als Datum für den Neustart des Spielbetriebs. Schon einige Wochen zuvor hatte eine Task Force Sportmedizin/Sonderspielbetrieb im Profifußball ein 51 Seiten starkes Papier erarbeitet, in dem das Verhalten der Spieler im Stadion, während des Trainingsbetriebs, im Hotel, aber auch in Freizeit und Familie beschrieben und vorgegeben wurde. Eine einwöchige Quarantäne der Mannschaft und des Betreuerstabs vor dem Restart war verpflichtend. Zwei negative Tests der Spieler waren notwendig, um in den Trainingsbetrieb einsteigen zu können. Bis zum Saisonende hochgerechnet wurden etwa 25 000 Tests erwartet. Maximal 300 Personen sollten sich zeitgleich in und um die jeweiligen Stadien an Spieltagen aufhalten.

Die Spielstätten selbst waren in drei Bereiche aufgeteilt: Innenraum, Tribüne und Außenraum. Nicht mehr als 100 Personen sollten sich zeitgleich in den jeweiligen Bereichen aufhalten. Für den Innenraum bedeutet das: 22 Spieler aus der Startformation, 18 Ersatzspieler, vier Unparteiische, vier Balljungen und 20 Mitglieder aus den Funktionsteams der Mannschaften. Drei Fotografen, drei Hygienemitarbeiter, vier Sanitäter, vier Mitarbeiter des Ordnungsdienstes und insgesamt 15 Menschen, die den reibungslosen Ablauf von TV-Technik, Daten und Videoassistent garantieren. Ansonsten: keine Zuschauer, keine Besucher. Die beiden Mannschaften sollten, notfalls in mehreren Bussen, zum Stadion gebracht werden, um die anderthalb Meter Abstand untereinander jederzeit zu gewährleisten. Dies galt auch für die Sitzordnung im Stadion. Der Mund-Nasen-Schutz war während der Anreise im Bus verpflichtend. Genauso wie bei Ersatzspielern auf der Ersatzbank. Ursprünglich sollte sogar der Trainer während des Spiels eine Maske tragen. Dies allerdings wurde unmittelbar vor der Wiederaufnahme des Spielbetriebs noch aufgehoben. Bis auf die Aktiven, die Unparteiischen und beide Trainer bestand Maskenpflicht. Der Fußball wollte alles Menschenmögliche tun und gleichzeitig seiner Vorbildfunktion gerecht werden. Er wollte zum Symbol der neuen Realität werden.

Untiefen vor dem Neustart

DAS KONZEPT überzeugte weite Teile der politischen Entscheider, auch arbeitsschutzrechtlich gab es keine Bedenken. Gewagte Vorstöße wie der, auch die 22 auf dem Platz möchten bitte Maske tragen, verhallten als Nonsens. Wobei ich zugeben muss, ich hätte das gerne gesehen, wie sich maskierte Menschen erst herzhaft die Knochen polieren, ehe nach 30 Minuten Spielzeit die Spieler in Atemnot schrittweise kollabieren. Aus heutiger Sicht kann ich sagen, dass schon Masketragen bei simultanem Reden über anderthalb Stunden nicht ohne ist. Mein Respekt gegenüber medizinischem Personal, das bei Operationen teilweise stundenlang eine Maske trägt, ist noch mal gestiegen. Die Öffentlichkeit stand einem Bundesliganeustart skeptisch gegenüber. Laut einer repräsentativen Umfrage des Meinungsforschungsinstituts YouGov zeigten sich nur 34 Prozent einer Wiederaufnahme des Spielbetriebs gegenüber aufgeschlossen. 46 Prozent der Befragten waren dagegen. Dem Rest war es egal. Viele Ultra-Gruppierungen störten sich vor allem am Phänomen »Geisterspiele«. Spiele ohne Zuschauer, ohne Fans, ohne jede Form der unmittelbaren Unterstützung. Die überwältigende Mehrheit war allerdings neugierig, ob es tatsächlich gelingen würde, dieses Programm mit neun Spieltagen in sechs Wochen ohne gravierende Zwischenfälle durchzuziehen. Es war eine skeptische Neugierde. Nicht unberechtigt, wie es schien. Zweitligist Dynamo Dresden musste nach zwei positiven Tests am 8. Mai mit dem kompletten Spieler- und Betreuerstab für 14 Tage in häusliche Quarantäne. Dies entschied das örtliche Gesundheitsamt. Damit war klar, dass der Traditionsclub zum Neustart von zu Hause aus würde zuschauen müssen. Noch sah dadurch bei der Deutschen Fußball Liga niemand das Gesamtprojekt gefährdet. Das ohnehin zeitlich ambitionierte Programm würde für den Tabellenletzten der 2. Bundesliga noch deutlich ambitionierter werden. Das Unternehmen Klassenerhalt würde für Dynamo praktisch ein Ding der Unmöglichkeit.

Den Vogel abgeschossen hat Salomon Kalou von Hertha BSC. Er nahm seine Social-Media-Follower in einem Live-Video mit in die Hertha-Umkleidekabine vor einer Trainingseinheit. Es war der Montag vor dem Restart. Er präsentierte sich als heiterer Springinsfeld, der in seiner gottgegebenen Lockerheit zunächst im Auto saß, dann die heiligen Hallen des Trainingszentrums betrat, die Kollegen herzte, die Betreuer begrüßte, später sogar in den Coronatest seines Mannschaftskollegen Jordan Torunarigha platzte. Und zwischendurch mit den Mannschaftskollegen noch über den gemeinschaftlichen Gehaltsverzicht zugunsten der Mitarbeiter plauderte. Da sei ja wohl bei der Abrechnung was schiefgelaufen. Da sei doch aus heiterem Himmel noch ein weiterer Prozentpunkt an Abzug dazugekommen. Das müsse man dringend noch mal mit Performancemanager Arne Friedrich besprechen. Das gehe ja so nicht. Es war ein erstaunlicher Einblick in Kabineninterna, der nahezu jedes Klischee des sorglosen, abgerückten und unachtsamen Fußballprofis erfüllte. Dazu hatte man den Eindruck, als wolle er den kompletten 51-seitigen Maßnahmenkatalog der DFL innerhalb weniger Minuten auf einmal missachten. Zu seiner Ehrenrettung sei gesagt, dass er eigentlich ein sehr aufgeklärter, sozial engagierter und reflektierter Mensch ist. Aber eben auch keine 20 mehr, sondern 34, weswegen das auch nicht mehr als Jugendsünde durchgeht. DFL-Chef Christian Seifert tobte vor Wut, die Liga schäumte vor Entrüstung, und Hertha-Boss Michael Preetz dürfte sich gefragt haben, ob er für alle in seinem Leben begangenen Sünden innerhalb einer Saison auf einmal büßen müsse. Erst bitterer Abstiegskampf, dann Klinsmann, dann Kalou. An der sofortigen Suspendierung von »Sala«, wie ihn der Mannschaftsarzt in dem Video liebevoll nannte, führte kein Weg vorbei. Ein beeindruckendes Video, das dafür sorgte, dass auch Deutschlands Politelite mittlerweile mit dem Namen dieses Champions-League-Siegers vertraut ist. Es war Wasser auf die Mühlen der Kritiker. Ethiker gaben zudem zu bedenken, dass die 25 000 prognostizierten Coronatests an Fußballern doch an anderer Stelle fehlen würden. Ein Vorwurf, mit dem die reine Sachebene verlassen war. Der Fußball testete aus reinem Selbsterhaltungstrieb und nicht auf Kosten oder zulasten anderer. Die wirklich relevante Frage war eher: Wie kann es dem Profifußball gelingen, lückenlos zu testen und einwandfreie Hygienebedingungen herzustellen, und warum gelingt das in wirklich systemrelevanten Berufen nur unzureichend? Bei Ärzten, Pflegern, Polizisten, Hilfsdiensten etc. Für diese gab es in der Krise viel Applaus, akustisch allgemein wahrnehmbar, aber sie wurden viel zu häufig viel zu großen Risiken ausgesetzt. Und nicht selten kamen sie in Zeiten des Lockdowns für Toilettenpapier zu spät und bei Mund-Nasen-Schutz zu kurz. In dem Hygienekatalog der DFL gab es sogar einen genauen Plan, was wann und wie zu reinigen war. So war beispielsweise exakt festgelegt, dass auf dem Weg vom Mannschaftsbus in den Kabinentrakt Türgriffe, Türen und Geländer circa drei Stunden vor dem Spiel mit Reiniger oder Flächendesinfektionsmittel zu säubern seien. Das Ganze solle im Feuchtwischverfahren geschehen oder im sogenannten Scheuer-Wischverfahren und falle in den Zuständigkeitsbereich des

Stadion-Reinigungspersonals. Dass derartige Kompetenzen in dieser Liebe zum Detail bei der DFL vorlagen, beeindruckte mich und wusste schließlich auch die deutsche Politik zu überzeugen. Daran konnte dann auch Salomon Kalou nichts ändern.

26. Spieltag – Das neue Normal

»DA SIND wir wieder. Mit neun Wochen Anlauf, mit neuen Rahmenbedingungen. Auf dem Planeten Corona. Das Spiel in seiner ursprünglichsten Form. So, wie jeder dort unten angefangen hat. Auf einer Wiese vor einer Handvoll Freunden und Familienangehörigen. Die sind es heute nicht mal. Heute sind es ein paar Teammitglieder sowie handverlesene, exakt abgezählte Delegationsmitglieder. In diesen Wochen und Monaten ist dies absolut alternativlos. Zum Schutze aller und zur Freude von vielen. Mit dem heutigen Spieltag wird Bundesligageschichte geschrieben. Mit dem 180. Pflichtspielrevierderby hier, mit Leipzig gegen Freiburg, Hoffenheim gegen Hertha, Düsseldorf gegen Paderborn und Augsburg gegen Wolfsburg. Am Abend folgt dann noch Frankfurt gegen Gladbach. Es wird anders sein als gewohnt, gerade auch hier bei Dortmund gegen Schalke. Es wird besonders, aber es ist trotzdem noch immer das alte Spiel.« So eröffnete ich am Samstagnachmittag um 15:22 Uhr die Bundesligakonferenz zum Neustart. Darin enthalten ein besonderes Spiel: *das* Derby. Die Sportwelt blickte gebannt auf die Bundesliga. Fußball ohne Zuschauer. Geht das? Ein Derby ohne unmittelbares Feedback von den Rängen. Geht das? Auch ohne Ausschreitungen in der Stadt und der Region? Dreimal »Ja«!

Das Entree war zunächst gewöhnungsbedürftig. Die Spieler kamen tröpfchenweise. Beide Mannschaften warteten schließlich in vorgeschriebenen Abständen auf das Unparteiischen-Quartett um Deniz Aytekin. Keine Mannschaftsfotos, kein Maskottchen, kein choreografierter Einmarsch, kein Shakehands bei der Platzwahl. Kein Polizeiorchester, das in Pyramidenformation per Motorrad durchs Stadion fährt. Selbst Orchesterproben waren noch bundesweit untersagt. Nobby Dickel verlas die Mannschaftsaufstellungen mit ungewohnter Zurückhaltung. Zum ersten Mal, seit er im Amt ist, schloss seine Ansage auch die Nachnamen der Dortmunder Spieler mit ein – sonst übernehmen das die 80 000 auf den Rängen. Dies klappte gut und unfallfrei. Der akustische Eindruck, den das Spiel vermittelte, schwankte zwischen sehr familiär und Schweigen im Walde. Bei den Spielern des BVB ging es durchaus lautstark, bisweilen auch sprachlich robust zu, beim FC Schalke eher dezent zurückhaltend. In der 29. Minute erzielte Erling Haaland das erste Geisterspieltor in der neuen Normalität der Fußballbundesliga. Der Jubel war vorher offenbar abgesprochen und einstudiert, dementsprechend aus hygienisch-virologischer Sicht absolut unbedenklich. Das 2:0 von Raphaël Guerreiro fiel noch vor der Pause. Thorgan Hazard besorgte das 3:0 kurz nach Wiederanpfiff, wiederum Guerreiro schließlich den 4:0-Endstand. Ein Start-Ziel-Sieg aus dem Lehrbuch. Kein spektakulärer Außenseitersieg wie im Jahr zuvor. Kein dramatisches Comeback wie beim Jahrhundertderby von 2017. Einfach ein verdienter Erfolg für den Tabellenzweiten. Schalke war als Underdog gestartet und es über komplette 90 Minuten geblieben. Dortmund hatte keinerlei Anpassungsprobleme in der neuen Nicht-Atmosphäre. Zumindest diesbezüglich war das Spiel in Paris hilfreich. Schalke hatte schon zu diesem Zeitpunkt mit allem Probleme, was nur entfernt zum Problem herzuhalten vermochte. Der erste Geisterspiel-Samstag ging ohne größere Zwischenfälle zu Ende. Die Spieler von Hertha BSC hatten bei ihrem überraschenden Sieg in Hoffenheim etwas zu herzlich und zu innig und zu gemeinschaftlich gejubelt. Das wurde seitens des Ligaverbandes auch gerügt. Neu-Trainer Bruno Labbadia warb vergebens um Verständnis. Aber das war es denn auch. Die Sportwelt staunte über den reibungslosen Ablauf. Sky hatte sich dazu entschlossen, die Samstagskonferenz erstmals auch im Free-TV bei Sky Sport News zu zeigen. Noch nie haben so viele Menschen die Bundesliga bei Sky verfolgt. Über sechs Millionen Fernseh-Zuschauer, über 60 Prozent Marktanteil. Der Beweis für die gesellschaftliche Relevanz dieser Sportart war erbracht. Und Borussia Dortmund war zumindest für eine Nacht bis auf einen Punkt an den FC Bayern herangerückt.

Der Rekordmeister hatte am nächsten Tag bei Union Berlin zu tun. Es war mein erstes Livespiel vor Ort seit dem 8. März. Nach über zehn Wochen Pause. Die längste Pause, seit ich in diesem Beruf tätig bin. 21 Jahre immerhin. Setzt man Rost an, oder ist es Moos? Ich wusste es nicht. Ich startete in den Tag mit der ersten Flugreise seit knapp 11 Wochen. Bei sonst zwischen 120 und 150 Flügen im Jahr ist das eine verdammt lange Zeit. Daraus resultierende Flugangst konnte ich ausschließen, wenngleich eine sich andeutende Flughafenangst nicht wirklich. Der Münchner Flughafen sonntagmorgens um 8 Uhr war leer, menschenleer, wie ausgestorben. Ich wäre nicht verwundert gewesen, hätte von ferne eine Mundharmonika aus dem Hause Ennio Morricone gespielt. Wie ich auch nicht überrascht gewesen wäre, hätte ein zufälliger Windstoß eine Rolle vertrocknetes Gebüsch über einen der verwaisten dunklen Flughafengänge geblasen. Alle Geschäfte waren geschlossen. Von den sechs Tafeln, auf denen sonst die Abflüge verzeichnet sind, war nur eine beschrieben, und die nicht mal komplett. Das war also das Abreiseangebot für den kompletten Tag. Ich stand wie gebannt vor diesen Tafeln. Gespenstisch war die gähnende Leere und irgendwie auch traurig. An den Sicherheitsschleusen des Flughafens war ein Tor geöffnet. Eins! Der Flug nach Berlin startete mit zehn weiteren Gästen. In Ziffern: 10! Wir starteten 10 Minuten vor der ursprünglichen Abflugzeit und kamen 20 Minuten vor der geplanten Ankunftszeit in Berlin an. Fliegen in der neuen Normalität. Ungewohnt überpünktlich. Im Hotel in Berlin wurden Michael Morhardt und ich fast überschwänglich begrüßt. Wir waren zwei von insgesamt zwölf Übernachtungsgästen an diesem Tag. Das sei schon ganz okay, sagte uns der Herr an der Rezeption. Es habe Tage gegeben in den letzten Wochen, da sei nur ein Zimmer belegt gewesen.

Anpfiff der Partie war um 18:00 Uhr. Wir fuhren gegen 15 Uhr vom Hotel am Kurfürstendamm los. Ohne genau zu wissen, was uns rund um das Stadion erwarten würde. Die Straßen in der Hauptstadt waren frei, das Wetter gut, und so kamen wir gegen 15:30 am Stadion an der Alten Försterei an. Mein Premierenbesuch. Ich habe viel gehört von diesem Stadion. Der 1. FC Union ist ein sehr besonderer Verein. Das Weihnachtssingen ist legendär. Knapp 30 000 Menschen kommen kurz vor Heiligabend in diesem Stadion zusammen und singen »O Tannenbaum« und »O du fröhliche«. Union ist so etwas wie der Gegenentwurf zum modernen Fußball. Aus Prinzip und aus Überzeugung. Union ist Kult und Kultur. Als 2008/09 das Geld für den Stadionausbau knapp wurde, halfen über 2000 Anhänger und machten diese mittlerweile über 100 Jahre alte Sportstätte schick für den modernen Fußball. Der Club tritt in besonderem Maße für Integration und Toleranz ein, interessiert sich für Politik und steht für klare Meinung und Haltung. Nicht selten gegen den Mainstream und gegen den Strich. Fußballerisch steht der Verein ebenso für klare Kante wie für bedingungslose Hingabe und volle Überzeugung. Eine wohltuende Farbe in der Bundesliga. Mit diesem Stil und mit vergleichsweise begrenzten

Finanzmitteln waren die Köpenicker in Sommer 2019 erstmals in die erste Liga aufgestiegen. Es war mein tiefer Wunsch, dieses Stadion mal bei vollem Aroma zu erleben. In der Hinrunde hatte Eisern Union das Derby gegen Hertha gewonnen. Dieses zwar modernisierte, aber doch altehrwürdige Stadion wurde einmal auf links gezogen. Dass sich Union rund um die Coronapause in Abstiegsgefahr befand, überraschte niemanden wirklich. Jetzt also der große FC Bayern. Ein Feiertag im Leben eines Aufsteigers. Häufig wird noch im Entmüdungsbecken bei der Aufstiegsfeier im Rausch geschworen, in der kommenden Saison dann den Bayern die Lederhosen auszuziehen. In der Hinrunde beim 1:2 in München waren sie nicht weit weg von einem Punktgewinn. Heute sollte es zum ersten Erstligavergleich im heimischen Wohnzimmer kommen.

Rund um das große Eingangstor am Stadion entlang der einzigen Straße, die zum Stadion führt, verloren sich etwa 100 Kiebitze. Wohlbehütet und beobachtet von einer knappen Hundertschaft der Polizei. Auch die Ordnungshüter hatten keine Vorstellung davon, was genau sie bei einem Geister-Bundesliga-Spiel zu erwarten hatten. Dementsprechend kamen erst mal so viele wie immer und betreuten letztlich so wenige wie noch nie. »So, wen ham wa denn da?!« Ein freundlicher Ordner blinzelte durch das geöffnete Seitenfenster der Fahrerseite. »Michael Morhardt und Wolff Fuss von Sky.« »Det sagen se alle«, murmelte der Ordner und durchkämmte bereits die mehrseitige Namensliste, die er auf seinem Klemmbrett verstaut hatte. »Morhardt hab ick, aber einen Wolf find ick nich.« Prüfend blickte er erneut durch die Scheibe auf der Fahrerseite zu mir auf dem Beifahrersitz. »Ick darf hier nur rinlassen, wer hier uff der Liste druff steht. Ick kenn Sie, Herr Wolf, aber ick darf Sie nich rinlassen.« »Kucken Sie doch mal, ob Sie unter Fuss was finden.« »Moment ma«, murmelte er und widmete sich wieder seiner

Liste. »Fuss, Wolff, hab ick hier.« Er klang überrascht. »Ja, das bin ich.« »Na, sehen Se, dann ham wers doch«, sagte er. Ordner rund um Fußballstadien sind eine besondere Spezies. Strikt in der Ausübung ihres Berufs, aber nicht unversöhnlich und in der Regel um Konsens bemüht. Gleichzeitig aber nicht ohne Stolz auf ihre Weisungsbefugnis. »So, die Herren! Maske und Personalausweis ham wa dabei?« »Na sicher!« »Dann setzen wa die hier bitte auf. Ab hier gilt Maskenpflicht. Dann bitte einmal nach vorne zum Kollegen fahren, der weist Sie ein, und dann ins Corona-Zentrum. Schönen Tach noch!« »Jau, okay, danke, Tschüsschen.« Wir schauten uns verdutzt an. Corona-Zentrum? Donnerwetter, hatten die hier ein provisorisches Krankenhaus oder Labor gebaut? Wir wurden an einen Seiteneingang geschickt und von einem Mitarbeiter des Roten Kreuzes dazu aufgefordert, uns die Hände zu desinfizieren. Schon Tage vor dem Spiel bekamen wir von der DFL sogenannte Symptombögen zugesandt, die zu jedem Spiel abgegeben werden mussten. Positiv auf Covid-19 getestet? Kontakt zu Corona-Infizierten? Typische Symptome? In letzter Zeit in einem Corona-Hotspot gewesen? Viermal »Nein«. Unterschrift drunter, das war's. Des Weiteren wurde mit einem kontaktlosen Thermometer die Temperatur an der Stirn gemessen. In Berlin waren das bei mir 36,5 °C. Ideal. Ab 37,5 °C wurde der Messbeauftragte unruhig. Schon in Berlin war ein Kollege mit jener Temperatur gemessen worden. Dieser war offenbar mit dem Fahrrad gekommen und dementsprechend leicht erhitzt. Er wurde 20 Minuten später zu einer Nachmessung gebeten. 36,7 °C. »Na, sehen Se!« Die nächste Station im Corona-Zentrum: Taschenkontrolle. Dort standen zwei Herren, die mich offenbar erwarteten. »Mensch, Herr Fuss, dass Sie heute hier sind.« Ich staunte. Sie hatten über meinen Podcast »Eine Halbzeit mit«, den ich mit Heiko Ostendorp wöchentlich veröffentliche, erfahren, dass ich heute kommen würde. »Wir würden so gerne ein Foto mit Ihnen machen.«»Und was sollte uns davon abhalten?«»Hier drin herrscht Handyverbot, leider.«»Und wenn wir's heimlich machen?«»Wir dürfen hier nicht weg. Haben Sie Autogrammkarten mit?« Ich hatte welche dabei, und wir vereinbarten feierlich, dass wir, sobald es wieder erlaubt wäre, ein Bild machen, wo wir uns freundschaftlich in den Armen liegen.

Es hielten sich alle an die Maskenpflicht. Der Auftrag, auch an alle Fernsehschaffenden und Journalisten, war klar umrissen: größtmögliche Sicherheit zu gewährleisten und gleichzeitig einer gewissen Symbolik Rechnung zu tragen.

Das Personal rund um Fußballübertragungen ist eine Art Wanderzirkus. Man sieht sich im Grunde im Dreitagerhythmus. Und wenn man sich über Wochen nicht gesehen hat, dann ist das wie der erste Schultag nach den großen Ferien. Es ist ein großes Hallo, es wird gedrückt und geherzt. Diesmal war es völlig anders. Die Maskenmodelle waren sehr individuell, so dass ich gar manchen erst mal überhaupt nicht erkannte. Ein Hallo, eine Virusfaust, wahlweise ein Virusarm oder aber ein schlichtes Zunicken. Mehr war nicht. Die Sendungsbesprechung fiel ausgesprochen kurz aus. Michael und ich verzogen uns auf den Kommentatorenplatz. Andere Aufenthaltsräumlichkeiten gab es nicht. Letzte Reihe, ganz oben, Haupttribüne unterm Dach. Mein desinfiziertes Headset war luftdicht in einem Beutel verpackt, zu öffnen kurz vor Sendungsbeginn. Maskenpflicht herrschte sowohl vor der Kamera als auch beim Kommentar. Die Interviews am Spielfeldrand wurden geführt, indem der Interviewer – mit Mund-Nasen-Schutz – in der ersten Reihe der Zuschauertribüne stand. Der Interviewte etwas unterhalb auf dem Platz. Eine etwa zwei Meter lange Angel hielt sein Mikrofon. Ein Bild, eine Szenerie, an die man sich erst gewöhnen musste, aber, kein Zweifel, ein Fußballstadion der Bundesliga war, was Viren betrifft, einer der sichersten Orte der Welt. Besondere neue Fußballwelt.

26. SPIELTAG

Borussia Dortmund – FC Schalke 04 — 4:0

RB Leipzig – SC Freiburg — 1:1

TSG Hoffenheim – Hertha BSC — 0:3

Fortuna Düsseldorf – SC Paderborn 07 — 0:0

FC Augsburg – VfL Wolfsburg — 1:2

Eintracht Frankfurt – Borussia Mönchengladbach — 1:3

1. FC Köln – 1. FSV Mainz 05 — 2:2

1. FC Union Berlin – FC Bayern München — 0:2

SV Werder Bremen – Bayer 04 Leverkusen — 1:4

TABELLE

	Verein	SP.	S	U	N	TORE	DIFF.	PKT.
1	FC Bayern München	26	18	4	4	75:26	49	58
2	Borussia Dortmund	26	16	6	4	72:33	39	54
3	Borussia Mönchengladbach	26	16	4	6	52:31	21	52
4	RB Leipzig	26	14	9	3	63:27	36	51
5	Bayer 04 Leverkusen	26	15	5	6	49:31	18	50
6	VfL Wolfsburg	26	10	9	7	36:31	5	39
7	SC Freiburg	26	10	7	9	35:36	-1	37
8	FC Schalke 04	26	9	10	7	33:40	-7	37
9	TSG Hoffenheim	26	10	5	11	35:46	-11	35
10	1. FC Köln	26	10	3	13	41:47	-6	33
11	Hertha BSC	26	8	7	11	35:48	-13	31
12	1. FC Union Berlin	26	9	3	14	32:43	-11	30
13	Eintracht Frankfurt	25	8	4	13	39:44	-5	28
14	FC Augsburg	26	7	6	13	37:54	-17	27
15	1. FSV Mainz 05	26	8	3	15	36:55	-19	27
16	Fortuna Düsseldorf	26	5	8	13	27:50	-23	23
17	SV Werder Bremen	25	4	6	15	28:59	-31	18
18	SC Paderborn 07	26	4	5	17	30:54	-24	17

27. Spieltag – Maskenball

DIE NEUEN Arbeitsbedingungen waren gewöhnungsbedürftig. Für alle Beteiligten. Die ersten Minuten, auch in Berlin, waren eine Art Abtasten in der neuen Welt. Das galt durchaus auch für den Kommentar. Wo sich normalerweise durch viele Zuschauer, entsprechende Reaktionen und Emotionen plötzlich vollkommen unerwartet neue Ebenen auftun, passierte jetzt erst mal nichts. Männer betraten einen Rasen, penibel darauf achtend, dass ja nichts passierte, was auch nur ansatzweise das Missfallen der Hygienehüter erregen könnte. An der Seitenlinie standen Übungsleiter, die exakt dafür Sorge trugen, dass bloß niemand irgendwem zu nahe kam. Die Ersatzspieler saßen in großem Abstand über die Haupttribüne verteilt, hinter Masken versteckt und auch nur bedingt auf Kommunikation oder gar Interaktion aus. Funktionäre auf der Tribüne wählten zum Teil putzige Maskenmodelle, das ja, immerhin – aber auch das reichte nicht für eine eigene Erzählebene und schon gar nicht für einen roten Faden. Ich hatte mich im Vorfeld der Übertragung natürlich auch schlau gemacht, mit welcher Mund-Nasen-Bedeckung ich mich am klügsten vor die Fußballöffentlichkeit begebe. Natürlich hätte ich gerne mit einer FFP3-Maske mit Ausatemventil den Dicken gemacht und für Aufsehen und sicher auch für etwas Neid gesorgt. Aber noch war das Land nicht so weit, dass Normalsterbliche bei der Wahl der Masken eine wirklich große Auswahl gehabt hätten. Klar, mir wurde allerhand Selbstgenähtes zugesandt. Bärchen hier, Fußball da. Aber ich hatte auch keine Lust, mich um einer Maske willen zum Vollhorst zu machen. Ein tüchtiger Sky-Mitarbeiter schenkte mir am Abend vor dem Spiel einen Schwung medizinischer Schutzmasken. In Himmelblau. Um es nicht unnötig in die Länge zu ziehen: Ich kann nur hoffen, dass dies nicht die Masken sind, die vom medizinischen Fachpersonal dieses Landes wirklich verwendet werden. Es können auf keinen Fall Masken aus der Lieferung sein, die Markus Söder im April feierlich am Münchner Flughafen begrüßte und in Empfang nahm. Sky muss da der Maskenmafia auf den Leim gegangen sein. In einem Anflug völliger Verzweiflung wurden da allem Anschein nach wahllos und wahrscheinlich völlig überteuert umfangreiche Bestände aufgekauft. Von einem international operierenden Import-Export-Unternehmen. Wahrscheinlich war das sogar derselbe Händler, der als Letzter noch Unmengen an Toilettenpapier auf Lager hatte. Das, was es eine Zeit lang im Baumarkt gab, was in normalen Zeiten als Schmirgelpapier angeboten wird. Dieses Unternehmen hatte sehr wahrscheinlich die Gunst der Stunde erkannt und einen hübschen Schnitt gemacht. Seit ich diese Maske aufhatte, fragte ich mich, was wohl das Gegenteil von atmungsaktiv ist. Mittlerweile weiß ich es: tot! Schon nach einer halben Stunde war ich halb besinnungslos durch das Tragen dieser Maske, die gleichzeitig einen absonderlich synthetischen Chemiegeruch von sich gab. Und zu diesem Zeitpunkt hatte das Spiel noch nicht mal angefangen. Damit eine gesalzene zehnstündige OP am offenen Herzen, dann aber gute Nacht. Für Arzt und Patient.

Es war ein Kampf mit der Maske und mit dem Spiel. Union behandelte vor allem das Drumherum fast betont spartanisch. Keine Musik während des Aufwärmens. Kurz vor Anpfiff zumindest die Hymne der Eisernen von Nina Hagen: »Wir aus dem Osten geh'n immer nach vorn«, heißt es darin unter anderem. Das tun sie, solange sie unter der Maske noch nicht kollabiert sind. Die Herren kamen schwer in die Gänge. Man hörte Kommandos, mitunter Proteste, Anfeuerungsrufe, manchmal Applaus. Das war in der Tat ein äußerst interessanter Aspekt der Geisterspiele. Die Zuschauer bekamen einen Einblick in die Kommando- und Führungsspielerkultur bei den einzelnen Vereinen. In der Halbzeit ergötzte man sich am Klang des Rasensprengers und lauschte Vogelgezwitscher. Es war mühsam. Die eine Mannschaft kämpfte ums sportliche Überleben in der Ersten Liga, die andere um die Deutsche Meisterschaft, und man hört Rasensprenger und Vogelgezwitscher. Eine Taube versuchte sich die Szenerie für ein bisschen Ruhm zunutze zu machen. Sie vollführte waghalsige Manöver und bretterte in höchstem Tempo unter dem Dach der Haupttribüne durch. Es gelang ihr. Sie fand Erwähnung in meinem Kommentar. Tauben in Fußballstadien sind durchaus nichts Ungewöhnliches. In der Allianz Arena gibt es eine wahre Taubenkolonie. Sie mögen das Spiel und reagieren auch auf ein volles Stadion meist unbeeindruckt. Mitunter sind sie lediglich genervt bis gereizt, wenn sie aufgrund eines Angriffs einer Mannschaft beziehungsweise einer entsprechenden Abwehraktion ihren Standort verändern müssen. 2016 im Spiel gegen Borussia Mönchengladbach waren sie so präsent, dass kreative Social-Media-Nutzer gar eine Heatmap erstellten, welche die einzelnen Standorte der Tauben im Verlauf der 90 Minuten nachzeichneten. Das waren beachtliche Aktionsradien. Bei jenem Exemplar an der Alten Försterei gab es nicht so viel zu zeichnen. Sie tauchte punktuell auf, um dann in beeindruckendem Tempo, allerhand technischem Gerät ausweichend, unter dem Tribünendach durchzuknallen. Zur zweiten Hälfte hatte sie sich allerdings müde geturnt und war verschwunden.

Die Bayern gewannen mit 2:0 bei Union. Ein in vielen Bereichen zweckmäßiger Vortrag. Ich führte während der Coronapause via Instagram Live ein langes Gespräch mit Manuel Neuer. Darin ging es unter anderem um die Frage, ob er mich möglicherweise im Spiel akustisch wahrnehmen, unter Umständen sogar darauf reagieren würde. Und was passierte, wenn ich ihm eventuell gar einen Torwartfehler unterstellte, den er überhaupt nicht so gesehen hat. Zu einer derartigen Interaktion ist es nie gekommen. Vielleicht leider, vielleicht Gott sei Dank. Was das Spiel in Berlin betrifft, nachvollziehbar. Ich war ausgesprochen ruhig. Es gab wenig Spektakuläres und Aufsehenerregendes zu berichten. Ein normales Spiel mit einem erwartbaren Verlauf, allerdings auch mit dem Hintergedanken: Wäre diese Partie auch so verlaufen, wenn hier ein ausverkauftes Stadion einen Underdog durch die 90 Minuten gepeitscht hätte? Ein hypothetischer Ansatz, klar, aber einer, der mich durch jedes der folgenden Spiele begleitete.

Weite Teile der Ultraszene lehnten den Geisterspiel-Neustart ab. Das Interesse an der Bundesliga war national und weltweit trotzdem so groß wie noch nie. Es ist anders, aber es geht. Es geht sogar ganz gut. Die lange Pause war den Partien jedenfalls nicht anzumerken, die besonderen Umstände nur zu Beginn. »They say, they do, thank you«, schrieb beispielsweise Zlatan Ibrahimović auf Instagram in Richtung Bundesliga. Die Neustart-Szenarien in Italien, Spanien und England wurden konkreter. In Frankreich kam Kritik auf, dass der Verband dort die Liga bereits endgültig abgebrochen hatte.

Mit dem 27. Spieltag kehrte dann fast schon so etwas wie Routine ein. Für Hertha BSC hatte es am Spieltag zuvor wie erwähnt einen Rüffel von der DFL gegeben. Die Herren hatten ein überraschendes 3:0 in Hoffenheim gar zu herzlich gemeinschaftlich bejubelt. Sportlich blieben sie auch eine Woche später auf

Spur. Der Jubel wurde modifiziert und war schließlich trotz Derby gegen Union für die Kritiker endlich unbedenklich. Mönchengladbach präsentierte im Heimspiel gegen Leverkusen erstmals 20 000 Pappkameraden im Borussia-Park. Fans konnten ein Foto von sich einschicken und sich so ins Stadion bringen. Auch Mannschaft, Betreuerstab und Vorstand nahmen daran teil und gehörten somit auch zum Publikum. Das Fernsehbild profitierte, die Akustik blieb logischerweise unberührt. Einige englische Clubs nahmen sich die Idee der Gladbacher bei ihrem Neustart zum Vorbild. In Leeds trieb die Aktion Wochen später seltsame Blüten, als plötzlich Osama bin Laden und Kim Jong-un an der Elland Road auftauchten. Gladbach verlor dieses als »ein Endspiel im Kampf um die Champions-League-Plätze« deklarierte Spiel mit 1:3. Wie wenig dieses »Endspiel« letztlich tatsächlich ein Finale gewesen ist, sollte sich in der Endabrechnung der Saison zeigen.

Die ersten beiden Spieltage nach dem Neustart waren nun um, nahezu alle Mannschaften hatten nach der Pause einmal zu Hause und einmal auswärts gespielt. Ab jetzt galt der Fokus ausschließlich den sportlichen Zielen.

27. SPIELTAG

Hertha BSC – 1. FC Union Berlin	4:0
Borussia Mönchengladbach – Bayer 04 Leverkusen	1:3
VfL Wolfsburg – Borussia Dortmund	0:2
SC Freiburg – SV Werder Bremen	0:1
SC Paderborn 07 – TSG Hoffenheim	1:1
FC Bayern München – Eintracht Frankfurt	5:2
FC Schalke 04 – FC Augsburg	0:3
1. FSV Mainz 05 – RB Leipzig	0:5
1. FC Köln – Fortuna Düsseldorf	2:2

TABELLE

	Verein	SP.	S	U	N	TORE	DIFF.	PKT.
1	FC Bayern München	27	19	4	4	80:28	52	61
2	Borussia Dortmund	27	17	6	4	74:33	41	57
3	RB Leipzig	27	15	9	3	68:27	41	54
4	Bayer 04 Leverkusen	27	16	5	6	52:32	20	53
5	Borussia Mönchengladbach	27	16	4	7	53:34	19	52
6	VfL Wolfsburg	27	10	9	8	36:33	3	39
7	SC Freiburg	27	10	7	10	35:37	-2	37
8	FC Schalke 04	27	9	10	8	33:43	-10	37
9	TSG Hoffenheim	27	10	6	11	36:47	-11	36
10	1. FC Köln	27	10	4	13	43:49	-6	34
11	Hertha BSC	27	9	7	11	39:48	-9	34
12	FC Augsburg	27	8	6	13	40:54	-14	30
13	1. FC Union Berlin	27	9	3	15	32:47	-15	30
14	Eintracht Frankfurt	26	8	4	14	41:49	-8	28
15	1. FSV Mainz 05	27	8	3	16	36:60	-24	27
16	Fortuna Düsseldorf	27	5	9	13	29:52	-23	24
17	SV Werder Bremen	26	5	6	15	29:59	-30	21
18	SC Paderborn 07	27	4	6	17	31:55	-24	18

28. Spieltag – Der Geisterklassiker

HOTELS sind eine Art zweites Wohnzimmer für mich. Weil ich große Teile des Fußballjahres in ihnen verbringe, verbringen muss. Dabei gibt es zweckmäßige Lösungen, es gibt infrastrukturell attraktive Lösungen, es gibt luxuriöse Lösungen. Falls irgendwer Hilfe braucht, in den deutschen und europäischen Fußballstädten kann ich für jeden Bedarf Empfehlungen aussprechen. Wenn mich die Lust dazu überkommen sollte, könnte ich auch mal ein Buch über Hotels veröffentlichen. Über den Laden in Manchester, wo ich einstens die Wolldecken aus dem Schrank in den circa 10 Zentimeter breiten Spalt unter der Zimmertür schob, weil es zog wie Hechtsuppe. Die kleine Dachkammer, die ein großes internationales Haus in London bereitstellte, wo aufrechtes Stehen ab einer Körpergröße von 1,60 nur sehr punktuell möglich war. Das Boutique-Designerhotel in Barcelona, das meine Nachfrage nach einem Schreibtisch entschieden bejahte, obwohl ich argumentierte, dass bei mir lediglich ein 30 Zentimeter breites und einen Meter langes Brett in Brusthöhe an der Wand hängen würde. »Yes, Sir, that's the writing desk.« Schau an!

In Deutschlands Westen sind wir bei Spielen innerhalb der Woche gerne in einem Hotel in der Nähe zum Flughafen Düsseldorf. Um am nächsten Morgen mit der ersten oder zweiten Maschine wieder nach Hause oder zum nächsten Spielort fliegen zu können. Es kam Michael Morhardt und mir bereits komisch vor, als wir in die Tiefgarage des Hotels fuhren. Die war nahezu komplett verwaist. Drei, vier Autos vielleicht, alle mit einer amtlichen Staubschicht überzogen. Kurzum, Freunde von Horror- oder Psychoblockbustern wären voll auf ihre Kosten gekommen. Kabel hingen aus der Decke, Neonröhren flackerten, wir parkten unmittelbar am Fahrstuhl. Hier, auf diesem Friedhof der Untoten, könnten kurze Wege womöglich hilfreich sein. Es hätte wahrhaftig nur noch gefehlt, dass wir im Aufzug auf halber Strecke in die Hotelhalle stecken geblieben wären. Vielleicht ist der Aufzug etwas langsamer gefahren als normal, aber ich will jetzt auch nicht übertreiben. In der Hotelhalle lief die Beleuchtung offenbar auch im Notbetrieb. Restaurants geschlossen, Treppenaufgänge unbeleuchtet und weit und breit keine Menschenseele. Doch, da, an der Rezeption, waren Umrisse einer Gestalt zu erkennen. Das spärliche Licht brach sich an einer Plexiglasscheibe. Vor der Rezeption waren Leitsystemgurte gespannt, auf dem Boden klebten Markierungen. Hier hatte Stephen King seinen Gedanken zum Umgang und Leben mit der Pandemie offenbar mal freien Lauf gelassen, und dieser Beherbergungsbetrieb hatte sie beherzt umgesetzt. Wir folgten dem Leitsystem, das uns umständlich an den Tresen führte. Die Gestalt dahinter bewegte sich nicht. Es kann sein, dass wir eine Spur vorsichtiger gingen als gewöhnlich. Aber ich kann mich auch täuschen. Vorne angekommen, versuchte ich mich an fester Stimme: »Guten Abend.« »Wie sind Sie hier reingekommen?«, herrschte uns eine Frauenstimme an. Eine Frau, es war der Stimme nach eine Frau. Die kurzen Haare stramm zurückgekämmt, darauf eine große Lesebrille, die mit der unteren Kante der Gläser gerade so auf ihrer Stirn saß, dass sie nicht herunterfiel. Beeindruckend. Vom Bereich unterhalb der Augenpartie bis weit über das Kinn hinaus erstreckte sich eine kolossale blütenweiße Maske. »Also, ähm, na ja, wir sind in die Tiefgarage rein, haben das Auto abgestellt und sind danach mit dem Aufzug hier hochgefahren.« Ihre Augenpartie wurde prüfender. »Das geht eigentlich nicht, weil die Tiefgarage geschlossen ist. So kommt man hier nicht rein.« Und jetzt kommt Stephen King, wie er leibt und lebt. Mitten im Plot wechseln plötzlich Gut und Böse. Dramaturgisch überraschend, waghalsig, klar, aber eben auch spitzfindig. »Na ja, Sie sehen ja, dass wir hier sind.« Ich bekam merklich Oberwasser. »Die Tiefgarage ist geschlossen. Sie können dort nicht stehen bleiben.« Das wiederum erklärt natürlich die Pkw-Lage im Souterrain. »Wir stehen da an der Mietwagenabgabe«, versuchte sich Michael an Diplomatie. »Die Mietwagenstation hier ist bis auf Weiteres geschlossen. Sie müssen mit dem Wagen noch heute Abend raus!« Ansagen mit Ultimatum und Ausrufezeichen. Die Situation verschärfte sich. Das blutige Finale nach King'scher Lesart schien nun unausweichlich. »Nun, dann fahren wir den Wagen halt noch an den Flughafen«, erwiderte Michael, stets um Konsens bemüht. Der gewagte Sprung in ein Setting von Rosamunde Pilcher. Und gleich wird geheiratet? Mitnichten. Die Szenerie bekam aber eine durchaus humorige Note, wenngleich wir eher innerlich grinsten. Die Maske und die Brille der Dame an der Rezeption gaben praktisch keine Mimik und Gefühlsregung preis.

Es war ein langer Tag gewesen, und wahrhaftig keinem von uns war nach Streit zumute. Es war der 26. Mai. Es war das Spiel Dortmund gegen Bayern, und es war der Auftakt zur finalen Phase in der Fußballbundesliga. Die neuen äußeren Umstände waren in der Liga jetzt verinnerlicht, es sollte ab jetzt wieder ausschließlich um Punkte und Tabellenplatzierungen gehen.

»Getz hamwa auch'n Kommentator für dat Spiel«, frohlockte der Leiter des Corona-Zentrums in Dortmund und hielt mir freudestrahlend die 36,5 °C, die auf dem Distanzthermometer blinkten, entgegen. 36,5, das ist mittlerweile mein persönlicher Klassiker in der Temperaturdistanzmessung. Tadellos. Das große Spiel, es konnte beginnen. Es ist das größte Spiel im deutschen Fußball. Und an diesem Tag Ende Mai, wo alle großen Ligen noch immer pausierten, war es das größte Spiel im Weltfußball. Der Tag brachte noch eine Besonderheit mit sich. Um den Kommentatorenplatz herum wurden drei, etwa einen Meter hohe Plexiglasscheiben verbaut, die es mir erlaubten, nun ohne Mundschutz zu kommentieren. Ein absolutes Privileg und eine echte Erleichterung. Wo mir vorher Fernsehzuschauer schrieben: »Kannst ruhig mal die Wolldecke aus dem Mund nehmen« oder »Nimm doch gerne mal das Kissen aus dem Gesicht«, feixten nun die Journalistenkollegen auf der Tribune, wie es denn so sei im Papamobil? Oder auch, dass es ja wohl während der Fahrt nicht erlaubt sei, mit dem Fahrer zu sprechen. Ja, sehr richtig! Andere dachten lautstark über ein »Bitte nicht füttern«-Schild auf einer der Scheiben nach.

Es sind dies genau die Spiele, die bei den Zuschauern für den meisten Wirbel sorgen. Alles und jeder liegt unterm Brennglas. Jede Schiedsrichterentscheidung, jeder Fehlpass, jeder Satz des Kommentators. Auf den diversen Social-Media-Kanälen herrscht Hochbetrieb. Und viele Menschen scheinen sich gegenseitig überbieten zu wollen in möglichst kreativen Beleidigungen aller Beteiligter. Selbst einige Magazine und vermeintlich seriöse Journalisten sehen in diesem Spiel ihre große Chance auf ein paar Likes und ein bisschen Aufmerksamkeit. Es ist wie ein Run um die besten Plätze vor Einlass beim Schlussverkauf. Wie diese Menschen Fußball schauen und vor allem warum, ist mir schleierhaft. Es ist ein kleiner Kreis, zweifellos, in einem vor allem aber emotionalen Umfeld, in einer Sportart, in der es alle besser wissen und besser können. Wahrscheinlich sind auch für Spiele wie dieses die Social Media erfunden worden. Viele Kolleginnen und Kollegen werden weit unter der Gürtellinie attackiert. Da geht es mir bei Weitem besser. Wenn ein Zuschauer befindet, ich sei ihm zu laut und zu emotional gewesen, dann fragen zum selben Spiel fünf andere, warum es heute so ruhig gewesen sei. Wenn einer mir nahelegt, ich solle doch bitte mit meinem pseudolustigen Geschwätz den Job wechseln, schreiben 20 andere, dass sie sich köstlich amüsiert hätten. Es allen recht zu machen ist ein Ding der Unmöglichkeit und nicht mein Ansatz. Mein Ziel ist es, das Spiel bestmöglich abzubilden und zu interpretieren und mich dabei so gut es geht zu amüsieren. Immerhin ist es nur Fußball. Wenn einige Dortmunder Fans ätzen, hier sei ja wohl ein Bayern-Fanboy am Werk gewesen, und einige Münchner eine »schwarz-gelbe Zecke« am Kommentatorenplatz vermuten, dann habe ich, wenn mir das später zugetragen wird, ein gutes Gefühl bezüglich der gebotenen Neutralität. So war es auch nach jenem Dortmund gegen Bayern. In den Wochen zuvor stand ein Virus im Social-Media-Fokus. An diesem Abend war es wieder der Fußball. Über 80 Millionen Hobby-Virologen wurden wieder zu Trainern, Topspielern und Fußballkommentatoren. Bei Bayern und Dortmund weiß ich um die ganz spezielle Situation. Ich versuche hier sogar ganz besonders darauf zu achten, mich nicht irgendeiner Bevorteilung verdächtig zu machen. Wenn ein Bayern-Fanclub mich zum Jubiläum als Ehrengast einlädt, gehe ich dort mit gutem Gewissen hin. Einige Zeit später werde ich als Gast zu Brinkhoff's Ballgeflüster zu Borussia Dortmund eingeladen und fühle mich ausgesprochen wohl. Während der Coronapause führte ich ein langes Gespräch mit Nobby Dickel für die Social-Media-Seiten des BVB. Einige Tage später tat ich das Gleiche mit Manuel Neuer bei den Bayern.

Der Vorsprung der Münchner betrug vor diesem Spiel vier Punkte. Demzufolge war die Ausgangssituation klar, Dortmund würde gewinnen müssen, um die Meisterschaft noch mal spannend werden zu lassen. Der BVB war gut aus der Coronapause gekommen. Zwei Siege, 6:0 Tore. Die Bayern hatten einem 2:0 bei Union ein 5:2 gegen Eintracht Frankfurt folgen lassen. Zwei Mannschaften in der Blüte ihres Schaffens. Ein echtes Fußballfest war erwartet worden. Konterkariert von gespenstischer Kulisse, von leeren, wenngleich imposanten Tribünen. Ohne auch nur einen Funken Emotionalität. Nur kalter Stahl und Beton.

In München hatte es für die Schwarz-Gelben in den letzten Jahren immer wieder auf die Ohren gegeben. In Dortmund hatte der Rekordmeister zuletzt im November 2017 ein Bundesligaspiel gewonnen. Damals dachten selbst die Fledermäuse in Wuhan noch, Corona sei ausschließlich ein mexikanisches Bier, das gerade in Europa gerne mit Limette im Flaschenhals serviert und getrunken wird.

Das Feierliche im Rahmen fehlte. Dadurch ging dem Spiel viel an Pathos flöten. Nichtsdestotrotz bekamen die Fernsehzuschauer an einem Dienstagabend um 18:30 Uhr ein intensives Spitzenspiel zu sehen. »Wir sind hier nicht beim Philosophentreff Westfalica«, hörte ich mich sagen. Bei den letzten Vergleichen in München hatte ich noch formuliert: »In Dortmund lacht heute nicht mal die eine, die immer lacht.« Oder: »Das Dortmunder Navi brüllt, wenn möglich bitte wenden.« Das Spiel in Dortmund war intensiv, taktisch hoch spannend und hatte zwei Schlüsselszenen. Die erste: Als Joshua Kimmich nach 43 Minuten einen genialen Moment hatte und über Roman Bürki hinweg zum 1:0 lupfte. Hansi Flick hatte seine Mannschaft im Vorfeld darüber informiert, dass der Schweizer Torhüter manchmal etwas zu weit vor seinem Tor steht. In besagter Situation war es, wenn überhaupt, ein Hauch zu weit. Es reichte. Aufgrund der großen Klasse von Kimmich. Einige Experten werteten dies als Torwartfehler, für mich stand die Qualität des Schützen im

Vordergrund. In der zweiten Schlüsselszene ging es um ein Handspiel von Jérôme Boateng im eigenen Strafraum. Der ehemalige Nationalspieler war weggerutscht, direkt in die Schussbahn, der Ball berührte seinen Ellbogen. Man könnte auf den Gedanken kommen, dass er wusste, was er tat. Nur nachzuweisen war es ihm anhand der Fernsehbilder nicht. Der Unparteiische Tobias Stieler entschied sich auf dem Platz gegen einen Elfmeterpfiff. Videoassistent Sascha Stegemann sah keine klare Fehlentscheidung und dementsprechend nicht die Notwendigkeit eines Eingriffs. Der Sportmoderator, Twitterkönig Gary Lineker, Englands Fußball-Legende, zwitscherte zu dieser Szene: »Penalty? VAR?« Der ehemalige FIFA-Referee Thorsten Kinhöfer sah eine Entscheidung im Toleranzbereich. Damit war sie also kein Fall für den Video Assistant Referee. Der Ex-Bundesligaschiedsrichter Babak Rafati sah, dem Regelwerk entsprechend, den Tatbestand des klaren Handspiels erfüllt, insofern hätte der Videoreferee seiner Ansicht nach eingreifen müssen. Drei profunde Meinungen, die zeigen, wie unklar offensichtlich die Handspielregelung ist und wie viel Interpretationsspielraum besteht. Ich selbst tendierte im Kommentar zu Kinhöfer und Stieler und Stegemann. Wenngleich ich Handspiele im Sechszehnmeterraum grundsätzlich mit dem Hinweis versehe, dass es hier dieser Tage viele Wahrheiten gibt. Wahrscheinlich zu viele. So dass es dieser Sportart eher schadet. Das Schiedsrichterwesen des DFB äußerte Wochen später, dass die Entscheidung auf Elfmeter hier wohl die richtige gewesen wäre. Am darauffolgenden Wochenende spielte Dortmund in Paderborn und bekam in einer ähnlichen Situation einen Elfmeter gegen sich gepfiffen. Interessant ist die Überlegung, wie die Entscheidung wohl ausgefallen wäre, hätten 25 000 Fans auf der gepackt vollen Südtribüne gestanden. Ob Tobias Stieler vor über 80 000 Zuschauern in einem ausverkauften Stadion genauso entschieden hätte? Ob die Dortmunder Spieler bei eskalierender Kulisse womöglich entschlossener protestiert hätten. (Die Proteste der Schwarz-Gelben hielten sich nämlich in überschaubaren Grenzen.) Ob ich möglicherweise unter dem Eindruck des ganzen Trubels entschiedener darauf hingewiesen hätte, dass sich der Unparteiische diese Szene in der Review Area noch mal hätte anschauen müssen, weil diese Aktion doch außerhalb des Toleranzbereichs gelegen hatte. Hypothetisch! Fußball ist ein Sport mit vielen Wahrheiten. Ich bin ganz sicher nicht derjenige, der für sich in Anspruch nimmt, die einzig gültige zu kennen.

Corona hatte Pause. Für wenige Stunden war der Ellbogen von Boateng das große Thema. Hat dieser nicht gegebene Elfmeter die Meisterschaft entschieden? Gut gesprungen, aber möglicherweise zu kurz. Die Dortmunder waren gut an diesem Abend. Aber sie hätten über sich hinauswachsen müssen, um den Tabellenführer zu schlagen. Und man hätte etwas Glück gebraucht, um gegen die Bayern zu punkten. Die Kräfteverhältnisse in der Liga waren wieder so sortiert wie in den vergangenen sieben Jahren auch. Der 4:0-Sieg der Bayern gegen Dortmund in der Hinrunde war die Geburtsstunde der wiedererstarkten Münchner unter dem damals noch Interimstrainer Hansi Flick. Mit diesem 1:0-Sieg jetzt in der Rückrunde zogen die Bayern auf sieben Punkte weg, und die achte Meisterschaft in Serie war ihnen praktisch nicht mehr zu nehmen. Das spannendste Meisterschaftsfinale der letzten Jahre blieb ein süßer Traum.

Michael Morhardt und ich saßen keine fünf Minuten nach Abpfiff im Auto und erreichten 45 Minuten später unser »Geisterhotel« in Düsseldorf. »So, hier haben Sie Ihre Zimmerschlüssel, und fahren Sie bitte Ihr Auto weg.« Die Stimmung hatte sich im Zuge des Check-in etwas entspannt. Wir waren emotional jetzt wieder eher in Richtung der satten Wiesen und Küsten in Süd-Wales unterwegs. Ich war weiterhin vollkommen fasziniert von der Maske der Empfangsdame. Sie bewegte sich nicht, auch während die Frau sprach. Irre! Ich vermutete dem Material des Tuchs nach eine gestärkte Serviette aus dem Bankett als Basis. Möglicherweise hatten da kreative Mitarbeiter die Pause genutzt, um ein Modell zu entwerfen, das jedweden Gesichtsausdruck nicht nur verdeckt, sondern sogar verhindert. Der Fetzen, den ich umhatte, rutschte nämlich beim Sprechen immer. Auch weil die hinter den Ohren gespannten Gummis zum Leiern neigten. Ich hatte mich vom medizinischen Mund-Nasen-Schutz mittlerweile komplett verabschiedet und war in modisch deutlich ansprechendere Gefilde gewechselt.

Wir brachten das Auto zurück. Die Mietwagenzentrale am Düsseldorfer Flughafen gab es noch. Zurück im Hotel wählten wir den Haupteingang. Die Türe war verriegelt. Wir klingelten. »Ja, bitte?!«, flötete eine bekannte Frauenstimme aus dem kleinen Lautsprecher. »Wir sind's wieder, Wolff Fuss und Michael Morhardt.« »Moment!« Fünf Minuten passierte nichts. Dann kam die Dame mit dem gestärkten Mundschutz die Treppe herunter und öffnete die Tür. »Bekommen wir hier eigentlich noch eine Kleinigkeit zu essen?« »Nein, die Küche ist zu.« »Schade.« Das fände sie auch, heuchelte sie Verständnis. »Sind eigentlich außer uns sonst noch Gäste im Haus?« »Nur sehr wenige.« Das war auch mehr eine rhetorische Frage. »Gibt's nicht noch wenigstens 'ne Stulle?«, fragte Michael. Ich fand die Nachfrage berechtigt. Wir wollten ja nicht wie einst in Bremen mit Semino Rossi hier noch einen durch den Tisch treten und mit Mojito in der Hand Polonaise durchs Lokal tanzen. Einfach nur eine ehrliche Feierabendstulle, Schinken vielleicht, Gürkchen dazu, nix Wildes. Einfach nur diesen ereignisreichen Tag entsprechend ausklingen lassen. »Die Küche hat zu. Gute Nacht.« Ja, dann: »Nacht!« Wir schoben uns in den dunklen Aufzug und schwebten in die 5. Etage. Normalerweise ist hier im Hotel, auch um diese Zeit, noch jede Menge los. Viele Fluggesellschaften bringen hier für gewöhnlich ihr Kabinenpersonal unter. Gestrandete Fluggäste lärmen sich durch den Abend. Aber heute: niemand. Überhaupt gar niemand. Die Tür des Aufzugs öffnet sich, wir treten heraus, die Türe schließt, der Aufzug fährt zurück nach unten. Stille. Es knackt. »Was war das?«, fragt Michael. »Hä, was meinste?« »Da, da hat doch was geknackt?« »Du meinst die Spieluhr, die gleich ›Eins, zwei – Freddy kommt vorbei‹ leiert?« »Jetzt mach hier mal keinen Scheiß.« »Ich wollte dich nur vorwarnen, dass du dich nicht wunderst. Wenn wir gleich rechts in den Gang mit den Zimmern abbiegen, steht am Ende des Ganges ein kleines Mädchen mit blonden Locken in weißem Nachthemd. Die kann ihren Kopf um 360 Grad drehen.« »Arschloch.«

Wie erkenntnisreich dieses Spiel in Dortmund tatsächlich war, sollten wir am nächsten Tag erfahren. Da auch Mönchengladbach, Leverkusen und Leipzig ihre Partien nicht gewannen, war die Meisterschaft der Bayern eine Frage von wenigen Wochen. Und: Eine Nacht im Geisterhotel kann man überleben.

28. SPIELTAG

Borussia Dortmund – FC Bayern München	0:1
Bayer Leverkusen – VfL Wolfsburg	1:4
Eintracht Frankfurt – SC Freiburg	3:3
SV Werder Bremen – Borussia Mönchengladbach	0:0
RB Leipzig – Hertha BSC	2:2
TSG Hoffenheim – 1. FC Köln	3:1
Fortuna Düsseldorf – FC Schalke 04	2:1
FC Augsburg – SC Paderborn	0:0
1. FC Union Berlin – 1. FSV Mainz 05	1:1

TABELLE

	Verein	SP.	S	U	N	TORE	DIFF.	PKT.
1	FC Bayern München	28	20	4	4	81:28	53	64
2	Borussia Dortmund	28	17	6	5	74:34	40	57
3	RB Leipzig	28	15	10	3	70:29	41	55
4	Borussia Mönchengladbach	28	16	5	7	53:34	19	53
5	Bayer 04 Leverkusen	28	16	5	7	53:36	17	53
6	VfL Wolfsburg	28	11	9	8	40:34	6	42
7	TSG Hoffenheim	28	11	6	11	39:48	-9	39
8	SC Freiburg	28	10	8	10	38:40	-2	38
9	FC Schalke 04	28	9	10	9	34:45	-11	37
10	Hertha BSC	28	9	8	11	41:50	-9	35
11	1. FC Köln	28	10	4	14	44:52	-8	34
12	FC Augsburg	28	8	7	13	40:54	-14	31
13	1. FC Union Berlin	28	9	4	15	33:48	-15	31
14	Eintracht Frankfurt	27	8	5	14	44:52	-8	29
15	1. FSV Mainz 05	28	8	4	16	37:61	-24	28
16	Fortuna Düsseldorf	28	6	9	13	31:53	-22	27
17	SV Werder Bremen	27	5	7	15	29:59	-30	22
18	SC Paderborn 07	28	4	7	17	31:55	-24	19

29. Spieltag – Der Kaffeepott in Paderborn

PFINGSTEN. Pfingstsonntag, um genau zu sein. In Paderborn. Wer kennt sie nicht, die Diskussionen an der heimischen Kaffeetafel, an der die Pläne für einen gelungenen Pfingstausflug geschmiedet werden. Und plötzlich sagt Mama: Paderborn! In der Folge ungläubige, überraschte, gespannte Stille. Dann fängt der Fünfjährige leise an zu klatschen. Papa beginnt daraufhin anerkennend zu nicken. Erst zögerlich, dann immer heftiger. Er stimmt in den Applaus ein, der kommt nach wie vor tropfend, gerät allerdings zunehmend heftiger. Opa murmelt leise vor sich hin: »Paderborn. Paderborn. Paderborn.« Und plötzlich lauthals und voller Überzeugung: »Paderborn!!!« Die Achtjährige, die das Treiben zunächst schweigend, gelangweilt und teilnahmslos verfolgt, strahlt plötzlich: »Hurra! Wir fahren nach Paderborn«, jauchzt sie. »Und Charly kommt auch mit!«, dabei tätschelt sie zärtlich den Kopf des Golden Retrievers, ehe auch sie in den Applaus mit einstimmt. Ach was, Applaus, mittlerweile ist ein Orkan erwachsen. Oma, die lange Zeit mit einem Stück Schwarzwälder kämpfte, prustet mit vollem Mund: »Und Opa und Oma kommen auch mit!« Dabei fliegt ihr eine Kirsche aus dem Mund, auf die weiße Tischdecke, nicht ohne eine rote Rollspur zu hinterlassen. Aber jetzt ist eh schon alles egal. Sie wirft die Küchengabel enthusiastisch auf den Porzellanteller und klatscht mit deutlich höherer Taktzahl mit. Paderborn!! Mama ist einfach die Größte.

Tut mir leid, dass ich in diese Idylle kurz eingreifen muss. Aber die Flüge von München nach Paderborn waren zu diesem Zeitpunkt ausgesetzt. Sämtliche Linienflüge von und nach Paderborn/Lippstadt waren zu diesem Zeitpunkt gestrichen. Wo sonst verlässlich mindestens eine Maschine Passagiere morgens nach Paderborn und abends wieder zurückbringt, gab es am Pfingstsonntag 2020 – nichts. Für gewöhnlich ist Paderborn von München aus geradezu ideal für Tagestouristen und Kommentatoren. In dieser neuen Realität war es umständlich. Wir mussten nach Hannover fliegen. Dies war der einzige Flughafen mit einer einigermaßen sinnvollen Verbindung, der zumindest im weitesten Sinne in der Nähe von Paderborn lag. Und der Trip begann auch nicht wie ein kuscheliger Familienausflug, sondern mit Vogelschlag und Gegenanflug. Unmittelbar nach dem Abheben war unser Flugzeug offenbar in einen Vogelschwarm geraten, und der Flieger hatte was abbekommen. Ein leichter Schlag im Triebwerk ließ den Piloten den Steigflug abbrechen, eine kleine Schleife drehen und umgehend wieder landen. Unvorhergesehene Ereignisse sorgen an Bord traditionell für leichte Panik. Viele bekreuzigen sich, es werden hektisch Tüten für Erbrochenes gereicht. Ein süßlich-herber Duft verteilt sich im Flugzeug, weil offenbar doch in der Eile bei einigen die Tüten zu spät kamen. In unserer Maschine nach Hannover passierte nichts dergleichen. »Meine sehr verehrten Damen und Herren, hier spricht noch mal Ihr Kapitän, vielleicht haben Sie es gemerkt, wir haben einen Vogelschlag abbekommen. Wir werden umgehend wieder in München landen. Ich würde gerne mal unsere Techniker über unsere Maschinen gucken lassen, ob die eventuell in Mitleidenschaft gezogen worden sind. Ich danke für Ihr Verständnis.« Die 20 Passagiere mit uns nahmen das ohne größere Reaktion zur Kenntnis. Als der Pilot zuvor gesagt hatte: »Das Wetter in Hannover: 19 Grad und leichter Nieselregen«, da war mehr Stimmung in der Kabine. »Siehste woll, in Hannover ist immer Scheißwetter« – so in der Art. Was Flugreisen betrifft, bin ich persönlich absolut unempfindlich. Spätestens seit wir zum Sky-Spiel des Lebens 2015 von Norden aus auf die Insel Juist geflogen sind. Der Flug dauerte nur 5 Minuten – allerdings bei starken Sturm- und Orkanböen. Eine kleine Propellermaschine, mit zehn Personen voll besetzt. Fünf Minuten Schleudergang, ein Spielball des Windes. Der Landeanflug auf Juist erfolgte quer zur Landebahn. Erst im letzten Moment stellte der Pilot, dieser Teufelskerl, die Maschine mit der Schnauze zur Landebahn und setzte sicher auf. Seitdem weiß ich, was mit dem Ausdruck Husarenritt gemeint ist. Moderatorenkollege Sebastian Hellmann, der neben mir saß, war so grün im Gesicht, dass er bei Dunkelheit wohl geleuchtet hätte. Ich streamte den kompletten Flug, im Zuge einer lückenlosen Vorberichterstattung für das Spiel, live auf Twitter. Sebastian bat mich schon auf der Startbahn, als uns die erste Böe zu verwehen versuchte und es auch fast geschafft hätte, die Kamera nicht mehr in seine Richtung zu halten, er könne für nichts garantieren. Es war wie die härteste Achterbahn der Welt, nur ohne Schienen. Die meisten Insassen kamen erst auf der Pferdekutsche wieder zu sich. Juist ist autofrei und eignet sich, auch ohne diesen Anflug, perfekt zur Entschleunigung. Klingelnde Radfahrergruppen zogen entspannt an uns vorbei, während die TV-Crew von Sky halb komatös, halb im Delirium hinten auf dem Wagen von zwei äußerst erfahrenen PS sicheren Schrittes zum eigens errichteten Hafenkessel chauffiert wurde. Für das »Spiel des Lebens« konnten sich Kreisligisten dieses Landes bei Sky bewerben. Zu gewinnen gab es die Übertragung eines Punktspiels in Sky-Bundesligaqualität. Der TSV Juist gewann die Übertragung, verlor allerdings das Spiel. Mit 0:1 gegen TuS Pewsum 2. Der Treffer fiel aus Abseitsposition. Eine Fehlentscheidung entschied dieses Spiel. Ich kommentierte von einem Leuchtturm. Wind und Wetter praktisch schutzlos ausgesetzt. Und Wetter können sie auf Juist. Alle vier Jahreszeiten in 90 Minuten, zwischenzeitlich hagelte es waagrecht golfballgroße Körner. Ich habe es genossen. Der Leuchtturmwärter und Wetterexperte der Insel hatte mir vor dem Spiel im Interview glaubhaft versichert: Am Sturm würde sich nichts ändern, aber Niederschlag sei im Grunde ausgeschlossen. In den darauffolgenden Jahren kommentierte ich noch aus dem oberbayrischen Reichersbeuern vom Traktor und aus Altenlingen im Emsland vom Hochsitz. Die Wetterbedingungen blieben jeweils stabil. Allesamt unbezahlbare Erfahrungen.

Die Landung in München verlief problemlos, der technische Check unserer Maschine ohne Befund. Mit einer Stunde Verspätung kamen wir schließlich in Hannover an. Verspätungen in der Luftfahrt waren in jenen Tagen eher die Ausnahme. Die Autofahrt nach Paderborn nutzte ich für ein ausgedehntes Telefonat mit Paderborns Trainer Steffen Baumgart. Gerade bei Mannschaften, die ich nicht so häufig begleite, sind solche Gespräche von immenser Bedeutung für mich. Weil ich mir Einblicke in Entwicklungen erhoffe, in Gedanken und Planungen, die eben nicht in der Zeitung stehen. Und Steffen Baumgart ist dafür einer der besten Gesprächspartner, die man sich vorstellen kann. Er ist das, was man gemeinhin als geilen Typen bezeichnet. Aufrichtig, offen, unverstellt. Kein Politiker, kein Diplomat, keiner, der zwanghaft schönes Wetter für sich und seinen Club erreichen will. Kernig in der Ansprache. Auch am Telefon. Zwischendurch sieht man sich als Gesprächspartner dazu genötigt, mit »Sir, jawoll, Sir!« zu antworten. Auf dem Platz scheint er allzeit bereit, sich seiner Mütze zu entledigen und mit einer beherzten Grätsche selbst ins Spielgeschehen einzugreifen, um seine Spieler vor Ungemach zu bewahren. Paderborn hatte noch das anstehende Spiel gegen Borussia Dortmund vor sich, als letzten Strohhalm im Kampf um den Klassenerhalt. Im Grunde war das nicht mal mehr ein Strohhalm. Dem Aufsteiger fehlte nur noch rechnerische Sicherheit für den Abstieg. Die Ostwestfalen waren als maximaler Außenseiter in die Saison gestartet. Der Verein entschied sich bewusst gegen ein kostspieliges, personelles Aufrüsten zu Beginn der Saison. Kein Risiko. Im Fokus stand der Erhalt des Profistandortes und erst in zweiter Instanz der Erhalt der Ersten Liga. So sollte der SC Paderborn heute zum 29. Mal in dieser Saison als Außenseiter in ein Spiel gehen. Gegen den BVB, der den Dienstag zuvor mit dem Titelrennen praktisch abgeschlossen hatte. Trainer Lucien Favre hatte sich nach der Niederlage gegen den FC Bayern kryptisch bezüglich seiner Zukunft geäußert. Dies allerdings in den Tagen danach konkretisiert. Man wolle sich im Sommer zusammensetzen und die Saison sportlich analysieren. Genau das ist schließlich auch passiert, und Verein und Trainer kamen überein, dass man die Zusammenarbeit auch in der folgenden Saison fortsetzen wolle.

Baumgart versprach 90 Minuten Vollgas und verwies auch noch mal auf das Duell in der Hinrunde. Als sein Verein durchaus bewiesen hat, dass er über die Bordmittel verfügt, um einem Club wie Dortmund wehzutun. Mit 3:0 hatten Baumgarts Jungs zur Pause geführt und am Ende beim 3:3 zumindest noch einen Punkt entführt.

Es war in dieser Saison bereits mein zweiter Besuch in der Benteler-Arena. In der Hinserie war ich auch beim Spiel gegen den FC Bayern. Auch da waren die Paderborner beim 2:3 nicht weit weg von einem Punkt. In köstlicher Erinnerung von damals ist mir die sogenannte Mantaplatte: Currywurst mit Pommes von der Stadiongastronomie. Ein Gedicht. Für das Spiel gegen den BVB war das ein lukullischer Traum. Alles hatte geschlossen. Ich war zwei Stunden vor Anpfiff an der Arena und hielt an einem Feldweg an, um noch kurz die Gedanken aus dem

Gespräch für das Spiel zu ordnen. Ein dunkler Mercedes hielt plötzlich neben mir, die Scheibe an der Beifahrerseite wurde heruntergelassen, und ein Mann auf dem Fahrersitz nickte mir freundlich zu: »Ich bin es, du kannst mir gerne hinterherfahren.« Ich war perplex. »Bitte, was?« »Ich bin der Schiedsrichterbeauftragte, du kannst mir hinterherfahren.« »Das freut mich außerordentlich. Aber ich soll den Bumms nicht pfeifen, ich soll ihn kommentieren.« »Du bist von Sky, gell? Weiß ich doch. Gutes Spiel.« Und während er »doch« sagte, fuhr er schon an und ließ seine Scheibe wieder hoch. Ich verharrte noch Sekunden mit hochgezogenen Augenbrauen. Ein starker Auftritt! Vor 15 Jahren in Aue hatten sich der Kollege Thomas Wagner und ich mal in den VIP-Raum verlaufen. Plötzlich rief einer: »Ah, kuck mal, die Schiris sind da. Klasse-Leistung heute! Ihr bedient euch, ja?!« »Jau, super, danke«, sagten wir. Es fiel uns nichts Besseres ein. Wir ergriffen umgehend die Flucht, um die Magie des Moments nicht zu zerstören.

In der kleinen, nur 15 000 Zuschauer fassenden Arena in Paderborn wirkte die Geisterspielkulisse nicht ganz so trostlos. Die Haupttribüne um uns herum war geradezu belebt. Die Delegationsmitglieder der Clubs saßen nicht weit von uns entfernt. Die Einwechselspieler etwas versetzt in den Reihen unter uns. Direkt hinter dem Kommentatorenplatz sind die Räumlichkeiten für Stadionregie, Ordner und Polizei. Statt Hexenkesselchen wie üblich wirkte es vertraut, ja heimelig. Das Spiel plätscherte vor sich hin. 0:0 nach 45 Minuten. Nach dem Halbzeitpfiff das erste Highlight des Tages: der Halbzeitsong. Ja, in der Tat, es gibt beim SC Paderborn einen Song, der die Halbzeit besingt: »So viele Fouls sind schon passiert, so viele Tricks hab ich probiert, ich hab das Loch im Tor entdeckt ... Halbzeit, es ist so weit, Halbzeit, ich bin bereit. Erste Hälfte ade, du bist Vergangenheit ... zweite Hälfte hallo, ich bin für dich bereit.« Ein musikalisches Denkmal für jene 15 Minuten, die zwischen erster und zweiter Hälfte liegen. Eine Ode an die Halbzeit. Pure Poesie für eine so oft vollkommen zu Unrecht vernachlässigte Viertelstunde. Ein Lied voller Melancholie und Sehnsucht, aber auch mit dem klaren Bekenntnis zum Hier und Jetzt. Musikalisch wurde noch ein seichter Synthiepop daruntergeschraubt, und fertig war das Stück. Ein besonderes Stück. Alleine dafür lohnt sich ein Besuch in der Benteler-Arena. Und natürlich für »Hermann Löns, die Heide brennt!« Das ist die Torhymne. Musikalisch liegt hier »Yellow Submarine« drunter. Textlich individuell, musikalisch ein Klassiker. Aber diese Hymne stand zur Pause noch aus.

»Ole, ist es möglich, dass wir hier oben einen Kaffee bekommen?«, fragte ich in die Regie im Übertragungswagen. Wir sind über eine spezielle Ruftaste miteinander verbunden. Ole, das ist Ole Hammer, als Leiter der Sendung einer der besten seines Fachs und ein ausgezeichneter Typ. Er glaube nicht, dass Kaffee für den Kommentator im Hygienekonzept der DFL vorgesehen sei, antwortete er. Aber er wolle sein Möglichstes versuchen. Für gewöhnlich wird diese Information an einen von mehreren Aufnahmeleitern im Stadion weitergegeben, die dann aus dem Presseraum oder dem VIP-Raum eine gute Tasse duftender Kaffeespezialität organisieren und zu uns an den Platz bringen. Meist mit Beginn der zweiten Halbzeit. Aber im aktuellen Fall: kein VIP-Raum, kein Presseraum, keinerlei Gastro am Spielort. Meine Nachfrage kurz vor Wiederanpfiff, wie es denn jetzt aussehe mit dem Kaffee, beantwortete Ole mit den Worten: »Ist unterwegs.« Ach was, bist du denn verrückt, dieser Tausendsassa. Die zweite Hälfte begann, der Kaffee kam. In der 54. Minute ging der BVB mit 1:0 in Führung. Thorgan Hazard erzielte sein 7. Saisontor. Drei Minuten später: Jadon Sancho mit dem 2:0. Im Torjubel entblößte er ein T-Shirt mit der Aufschrift »Justice for George

Floyd«. George Floyd war am 25. Mai in Minneapolis in einer Polizeikontrolle gewaltsam zu Tode gekommen. Ein Polizist hatte, obwohl der 46-jährige Afroamerikaner unbewaffnet und bereits in Handschellen war, über 8 Minuten auf dessen Hals gekniet. Zwei weitere Polizisten fixierten Körper und Beine. »I can't breathe«, er könne nicht atmen, wiederholte er immer wieder. Dann verlor er das Bewusstsein, was die Polizisten noch immer nicht dazu veranlasste, ihren Druck zu lösen. Passanten filmten die Szene mit ihren Handys, flehten die Polizisten an, abzulassen von dem Mann. George Floyd wachte nicht mehr auf. Wiederbelebungsversuche der viel zu spät gerufenen Sanitäter verliefen erfolglos.

Jadon Sancho drückte aus, was viele dachten. Schon Tage zuvor hatte der US-Nationalspieler Weston McKennie bei seinem Tor für den FC Schalke in Düsseldorf kamerawirksam den Fall ins Bewusstsein gerufen. Diesen speziellen Fall von Polizeigewalt und damit auch das Problem von Rassismus in der Gesellschaft. In den USA, aber eben auch weltweit. Auch in Deutschland. Laut DFB-/DFL-Statuten ist das Zeigen politischer Botschaften auf T-Shirts unter den Trikots verboten. In den vorliegenden Fällen handelte es sich allerdings um einen ergreifenden Akt der Humanität und eine damit verbundene Protestnote, die eigentlich zum Selbstverständlichsten auf der Welt gehören sollte. Dementsprechend sanktionierte die deutsche Fußballgerichtsbarkeit den Fall auch nicht. »Justice for George Floyd« war der Beginn einer weltweiten Antirassismus-Bewegung, die schließlich prominenter Bestandteil der »Black Lives Matter«-Bewegung wurde. Das Thema Rassismus musste offenbar ganz dringend zurück auf die Agenda, in das Bewusstsein der Menschen. Antirassismus-Kampagnen von Ligen und Vereinen nahmen ihren Anfang. Jadon Sancho ist häufig in dieser Saison vereinsintern durch disziplinarische Verfehlungen aufgefallen. Mal fehlten ein paar Minuten zur Pünktlichkeit, mal ein ganzer Tag.

Auch mit den Quarantänebestimmungen befand er sich nicht immer zu 100 Prozent im Einklang. Aber mit diesem Statement hatte er die uneingeschränkte Zustimmung des überwältigenden Teils der Gesellschaft.

2:0 für Dortmund, das Ding war durch. Dortmund hatte mal kurz ernst gemacht und das Spiel zu eigenen Gunsten entschieden. Es lief die 60. Minute, als sich uns ein Ordner näherte. Er balancierte eine randvolle Kaffeekanne aus Glas mit integriertem Plastikdeckel und praktischem Griff die Tribünenstufen hinauf. Nix Vollautomat, nix Milchschaum und darin Blätter oder Herzchen. Eine stinknormale Kanne aus einer stinknormalen Kaffeemaschine. Achteinhalb Tassen hängende Filter, Tropfverschluss. Fast antik! Womöglich hat die Maschine sogar Hermann Löns noch persönlich kennengelernt. Dazu ein Kännchen Milch und Würfelzucker. Da staunten selbst die Granden des BVB, die aufmerksam verfolgten, wem diese Kanne wohl dargereicht werden würde. Carsten Cramer, Hans-Joachim Watzke, Dr. Reinhard Rauball. Sie nickten anerkennend in unsere Richtung. Ich setzte den Fernsehzuschauer natürlich darüber ins Bild, was da gerade am Kommentatorenplatz fernab der Kameras vor sich ging. Ein Mitarbeiter des SC Paderborn hatte unser Kaffeegespräch zur Pause mitbekommen und sich gedacht, den Brüdern muss geholfen werden. Ich kann schwer beurteilen, inwieweit sich das abseits des vorgesehenen Hygieneprotokolls abspielte, aber es kam von Seiten der DFL unmittelbar nach dem Spiel nichts, dementsprechend erwarte ich auch bei Veröffentlichung des Buches keinerlei Nach-Sanktionierung. Paderborn ist ein besonderer Ort. Es gab einst die Obstplatte in Athen, jetzt gibt es auch den Kaffeepott von Paderborn.

Es war klar, dass Michael Morhardt und ich die knapp anderthalb Liter auch komplett trinken mussten. Schon allein aus Respektsgründen. Es wurden also im Kommentarstil die letzten

30 Minuten deutlich aufgekratzter. Gott sei Dank hielt das Spiel mit: Uwe Hünemeier verkürzte per Elfmeter, ehe zwei weitere Tore von Jadon Sancho und je eins von Achraf Hakimi und Marcel Schmelzer schließlich auf 6:1 stellten. Schmelzer traf erstmals seit 2013 wieder in der Fußballbundesliga. Borussia Dortmund zeigte sich nach der Niederlage gegen Bayern sehr gut erholt und hielt endgültig Kurs auf die Vizemeisterschaft. Der SC Paderborn war mit dieser Niederlage so gut wie abgestiegen. Aber die Erinnerung an diese gewaltige Kaffeekanne und vor allem an diesen Akt der Gastfreundschaft bleibt für immer.

Nachholspiel

MEIN achtes Spiel innerhalb von 19 Tagen. Das ist nicht wenig. Klar. Am Ende sieht der Zuschauer ausschließlich die 90 Minuten. Dabei steckt der Großteil der Arbeit in der Vorbereitung. Statistiken studieren, Saisonverläufe interpretieren, Pressestudium, jede Menge Telefonate mit Verantwortlichen. Wenn die Sendung zum Spiel beginnt, ist ein Großteil meiner Arbeit getan. Mit Anpfiff ist es im Grunde ausschließlich Spaß. An echte Belastungsgrenzen bin ich gestoßen, als ich bei der WM 2018 für Sky 25 Spiele in 30 Tagen übertragen habe. Wobei, um genau zu sein, es waren nur 24. Am Tag des Achtelfinalspiels England gegen Kolumbien kam meine erste Tochter zur Welt. England gewann ein Elfmeterschießen. Bei einer Weltmeisterschaft. Ja, die Wahrheit ist manchmal auf dem Platz, aber an diesem Tag lag meine im Kreißsaal. Es war überwältigend.

Die Lage bei Werder Bremen und bei Eintracht Frankfurt war jeweils sehr komplex. Werder war mit dem Anspruch ins Jahr gestartet, einen europäischen Wettbewerb zu erreichen. Die Eintracht hatte sich mit einer offiziellen Zielvorgabe zurückgehalten. 2018/19 noch die Sterne vom Himmel gespielt, in der Europa League bis ins Halbfinale gekommen, hatte sie eine eher durchwachsene aktuelle Runde hinter sich. Noch in der Hinrunde hatten die Frankfurter die Bayern mit 5:1 geschlagen und letztlich für die Entlassung von Niko Kovač als Bayern-Trainer gesorgt. Kovač hatte bis 2018 in Frankfurt gewirkt und war dort Pokalsieger geworden, ehe er von den Münchnern abgeworben wurde. Die Eintracht hat's gegeben, die Eintracht hat's genommen. So ungefähr. Aber Gala und sehr mäßige Vorstellungen wechselten sich ab. Das machte sie anfällig, unberechenbar, - gefährlich und schlagbar. Die Eintracht kam aus der Coronapause mit vier Punkten aus vier Spielen und lief tatsächlich noch mal Gefahr, in die unmittelbare Abstiegszone zu geraten. Zumal durch dieses direkte Duell beim Tabellenvorletzten. Werder spielte die schwächste Saison der Vereinsgeschichte. Hatte sich allerdings über die sieben Punkte aus den vier Partien zumindest wieder bis auf zwei Punkte an einen Relegationsplatz – beziehungsweise bis auf drei Punkte an einen direkten Nichtabstiegsplatz – herangerobbt. Dieses Nachholspiel sollte der große Befreiungsschlag werden.

Das Spiel hatte eine Vorgeschichte, die durchaus nicht ohne Brisanz war. Sie trägt den Namen »Bianca«. Sturmtief Bianca war nämlich schuld, dass es überhaupt zu diesem Nachholspiel kam. Bianca hatte sich für den Abend des 27. Februars 2020 unter anderem für den Großraum Salzburg angekündigt. Dort sollte eigentlich um 21 Uhr Eintracht Frankfurt sein Sechzehntelfinalrückspiel in der Europa League austragen. Bianca drohte ganz fürchterlich zu werden, und so wurde die Partie vorsichtshalber abgesagt. Dass Spiele wirklich ausfallen, passiert äußerst selten, weil der nationale und internationale Rahmenterminkalender aus allen Nähten platzt. Es galt also einen zeitnahen Ersatztermin zu finden. Man wurde fündig für den darauffolgenden Freitag. Der 28. Februar. 18 Uhr. Bis dorthin dürfte aus Bianca ein Biancachen geworden sein. So hoffte man. Jetzt kommen die deutsche Fußballliga und der SV Werder Bremen ins Spiel. Denn laut den nationalen Statuten müssen zwischen einem Europapokalspiel und einem Bundesligaspiel mindestens

48 Stunden liegen. Die Bundesligapartie der Eintracht sollte am Sonntag, den 1. März, um 18 Uhr in Bremen stattfinden – knapp 46 Stunden nach dem mutmaßlichen Abpfiff in Salzburg. Die Frankfurter drängten auf Verlegung, Werder drängte auf Einhaltung des ursprünglichen Spielplans. Eine Verlegung auf Montag war ausgeschlossen, da sich beide schon am Mittwoch, den 4. März, zu einem Pokal-Viertelfinale wiedersehen sollten. Die Sache war verzwickt. Die DFL entschied schließlich auf Spielverlegung, die Eintracht atmete durch, und Werder war sauer.

Das Pokalspiel war demzufolge von besonderer Brisanz. Und auch das Spiel hielt Wort. Ein umstrittener Elfmeter sorgte für die Frankfurter Führung. Ein Handspiel von Ludwig Augustinsson war der Auslöser. Da scheiden sich ja bekanntlich alle Geister, alle Experten und auch alle Schiedsrichter. André Silva also mit der Führung. Daichi Kamada ließ nach einer Stunde die Hessen ins Halbfinale einziehen. Nicht bevor Filip Kostić in der Nachspielzeit noch Ömer Toprak wegmetzgerte. Kostić sah Rot, Toprak riss sich das Syndesmoseband und machte in der restlichen Saison kein Spiel mehr. Bremens durchaus vielversprechende Pokalsaison war beendet. Sie hatten im Achtelfinale Borussia Dortmund mit 3:2 besiegt. Für einen potenziellen Absteiger eine beachtliche Leistung, die in völligem Gegensatz zur restlichen Saison stand.

Das alles ist ein Bruchteil dessen, was man wissen muss zu diesem Themenkomplex, wenn man als Kommentator in dieses Spiel geht. In den 90 Minuten selbst bleibt dann übrig: »Die Spielabsage Anfang März wurde in Bremen sehr kritisch gesehen. Aus heutiger Sicht war sie ein Segen. Kritisch sehen sie das aber immer noch.« Ansonsten gaben die 90 Minuten am 3. Juni nicht mehr Parallelen her. Dafür gab es noch so viele andere Themenkomplexe. Trainer Florian Kohfeldt hatte versucht, dem Verein eine Wagenburgmentalität nach Rehhagel'schem Vorbild zu verpassen. »Wir gegen den Rest der Welt«, so war Otto Rehhagel häufig erfolgreich durch schwere Stürme gereist. Lange her. Mit Rune Bratseth und Dieter Burdenski waren zwei Altgediente aus der Werder-Familie ausgeschert und hatten insbesondere die Arbeit der sportlichen Leitung kritisiert. Das ist äußerst ungewöhnlich für Bremer Verhältnisse. Normalerweise sind gerade auch die Bremer Vereinsikonen loyal bis zur letzten Stelle hinterm Komma. So ist es auch zu erklären, dass Florian Kohfeldt eben nicht entlassen wurde, wie es branchenüblich gewesen wäre, sondern dass der Vereinsvorstand mehrheitlich zunächst an eine Wende mit ihm glaubte, später dann zumindest an den Klassenerhalt. Wobei ... so richtig erklären konnte es sowieso keiner, wie dieser Verein in so eine Situation geraten konnte. Viele Verletzte, ja. Einige Fehlgriffe auf dem Transfermarkt, ja. Fehleinschätzungen bezüglich der Weiterentwicklung mancher Spieler, auch ja. All das reichte für eine schlüssige Erklärungskette, warum es der SV Werder nicht in die Europapokalränge geschafft hatte – wieso aber die schwächste Saison der Vereinsgeschichte? Mit einem Trainer, der noch im Jahr zuvor als das heißeste Eisen seiner Zunft in Deutschland galt? Der nicht nur Trainer ist, sondern auch erster Fan. Der nicht nur professionell, sondern vor allem auch emotional betroffen war.

Es hat mir imponiert, dass der Verein an Florian Kohfeldt festhielt. Auf eine Trainerentlassung als Ausdruck von purem Aktionismus verzichtete. Der Club war überzeugt von seinem Trainer und wollte keine Entscheidung gegen die eigene Überzeugung treffen. Dazu braucht es Mut, und der schien belohnt zu werden. Die Hanseaten spielten dreimal in Folge zu null. Zwei 1:0-Erfolge in Freiburg und Schalke. Dazu ein torloses Remis gegen Mönchengladbach. Die Wende schien geschafft, die Rettung noch längst nicht. Die Verletzungssituation hatte sich während der Coronapause merklich entspannt. Endlich hatte Kohfeldt den Konkurrenzkampf im Team, den er sich von vornherein gewünscht hatte. Vor allen Dingen aber schien Werder jetzt den Spirit und das Bewusstsein für Abstiegskampf zu haben. Die Bremer Bank sollte zur lautesten der Liga werden. Torwarttrainer Christian Vander sogar so vehement, dass er im Spiel mit Frankfurts Sportdirektor Bruno Hübner aneinandergeriet. Adi Hütter wurde es irgendwann zu bunt, und er forderte die Bremer zu mehr Respekt und Zurückhaltung auf. Das ging allerdings auch mit Gummihammer und Metallkiste: Laura Kersting, im Hauptberuf Physiotherapeutin, gab die »Manola« von der Weser und prügelte von der Tribüne aus unentwegt auf die Kiste. Das alleine zeigt, wie sehr ein Spiel, eine Mannschaft offenbar auf Geräuschkulisse angewiesen ist. Sich antreiben und beflügeln lässt. Im Verlaufe der Saison kamen in den Stadien auch noch Kuhglocken und zwei Pfannen zum Einsatz.

»Es muss uns gelingen, Filip Kostić unter Kontrolle zu bringen«, so hatte es mir Florian Kohfeldt am Nachmittag bei unserem Gespräch gesagt. Wenn das gelinge, habe man eine sehr gute Chance, zu null zu spielen. Es gelang über 60 Minuten. Dann spielte Kostić eine punktgenaue Flanke, und André Silva veredelte. Stefan Ilsanker traf schließlich Sekunden nach seiner Einwechslung mit seinem ersten Ballkontakt und in der Nachspielzeit. Seine ersten Bundesligatore. Nach dem »Ketchupflaschen-Prinzip«, wie er sagte. Erst kommt lange nichts, und dann alles auf einmal. Es war ein intensiver Ritt, viele Zweikämpfe, emotional geführt. Es war das, was gemeinhin als Abstiegskampf in Reinkultur gilt. Bremen hatte alles versucht, sogar Gummihammer und Metallkiste, aber Eintracht Frankfurt war die bessere Mannschaft. Dadurch verabschiedete sich Adi Hütter mit seinen Jungs aus dem Abstiegskampf, und über Bremen kreisten auch weiterhin die Geier.

29. SPIELTAG

SC Freiburg – Bayer 04 Leverkusen	0:1
VfL Wolfsburg – Eintracht Frankfurt	1:2
Hertha BSC – FC Augsburg	2:0
1. FSV Mainz 05 – TSG Hoffenheim	0:1
FC Schalke 04 – SV Werder Bremen	0:1
FC Bayern München – Fortuna Düsseldorf	5:0
Borussia Mönchengladbach – 1. FC Union Berlin	4:1
SC Paderborn 07 – Borussia Dortmund	1:6
1. FC Köln – RB Leipzig	2:4

Nachholspiel:
SV Werder Bremen – Eintracht Frankfurt	0:3

TABELLE

	Verein	SP.	S	U	N	TORE	DIFF.	PKT.
1	FC Bayern München	29	21	4	4	86:28	58	67
2	Borussia Dortmund	29	18	6	5	80:35	45	60
3	RB Leipzig	29	16	10	3	74:31	43	58
4	Borussia Mönchengladbach	29	17	5	7	57:35	22	56
5	Bayer 04 Leverkusen	29	17	5	7	54:36	18	56
6	VfL Wolfsburg	29	11	9	9	41:36	5	42
7	TSG Hoffenheim	29	12	6	11	40:48	-8	42
8	SC Freiburg	29	10	8	11	38:41	-3	38
9	Hertha BSC	29	10	8	11	43:50	-7	38
10	FC Schalke 04	29	9	10	10	34:46	-12	37
11	Eintracht Frankfurt	29	10	5	14	49:53	-4	35
12	1. FC Köln	29	10	4	15	46:56	-10	34
13	FC Augsburg	29	8	7	14	40:56	-16	31
14	1. FC Union Berlin	29	9	4	16	34:52	-18	31
15	1. FSV Mainz 05	29	8	4	17	37:62	-25	28
16	Fortuna Düsseldorf	29	6	9	14	31:58	-27	27
17	SV Werder Bremen	29	6	7	16	30:62	-32	25
18	SC Paderborn 07	29	4	7	18	32:61	-29	19

30. Spieltag – Schalke-Wochen und Fans im Revier

»SAMMA, hast du wat mit der Tochter von dein' Chef angefangen, oder warum machst du schon wieder Schalke?!«

»Hömma, ist das Verhältnis mit der Frau deines CEO aufgeflogen, oder warum machst du schon wieder S04 ;-)?!«

»Wolff, leidest du an Geschmacksverirrung, oder warum machst du schon wieder Schalke?!«

»Alta, verpiss dich von dat Schalke-Spiel, du bringst uns kein Glück!«

Das ist ein kleiner Auszug aus Zuschauerreaktionen an mich rund um Schalke-Spiele nach der Coronapause. Schalke in Düsseldorf, Schalke gegen Bremen, Schalke bei Union Berlin. Dreimal Schalke innerhalb von 12 Tagen. Und ich gebe zu, ich hätte selbst durch Einteilung unseres Sportchefs auf den Gedanken kommen können: Eine Abmahnung wäre ehrlicher gewesen. Aber: Schalke-Spiele sind besonders. Schalke ist besonders. Immer. Und es sind vor allem die Menschen, die diesen Club zu etwas Besonderem machen. Es kommt nicht selten vor, dass mir, wenn ich bei einem Spiel auf Schalke in die Arena komme, von Ferne einer »RAUUUUUL« zubrüllt. Oder: »Edu, gimme five.« In Anlehnung an meinen Kommentar beim Schalker Wunder in Mailand 2011. Immer noch und immer wieder. Oder Leute rezitieren aus dem Jahrhundertderby 2017. Dann gerne mit dem

Zusatz: »Alta, da hab ich mich fast eingepisst. Komm, lass ma Foto machen, dat glaubt mir ja sonst keiner.« Dann wird man noch so leicht in die Seite gepufft und ermahnt, heute bloß nichts Schlechtes über Schalke zu erzählen. Natürlich nicht. Gleichzeitig würde es an ein Wunder grenzen, wenn nicht nach einem verlorenen Schalke-Spiel mindestens einer mir und meiner Familie schlimmste Krankheiten an den Hals wünschte. Es gilt die Faustformel: Je wichtiger das Spiel und je verheerender die Niederlage, desto schlimmer die Krankheit. Zu erwarten, dass beispielsweise eine Schalker 5:0-Niederlage in München Lobeshymnen für den Kommentator aus der Schalker Fanszene mit sich bringt, wäre naiv. Fußball auf Schalke und generell im Ruhrgebiet hat fast etwas Religiöses. Der eigene Club wird bedingungslos nach außen hin verteidigt. Kritisiert wird im eigenen Kreis. Nur wer befugt ist, darf schimpfen. Nach außen gilt das Urmutterinstinkt-Prinzip. Ich kann damit sehr gut leben. Der Ton im Pott ist von rauer Herzlichkeit geprägt. Stets ehrlich, oft humorig, meist geradeaus. Ich habe unzählige einschlägige Erfahrungen gemacht mit Fußballfans aus dem Ruhrgebiet.

»Samma, wat machen Sie denn hier eigentlich? Unten stehen Hunderte Leute vor dem Kino, die uns hier erzählen wollen, dass hier eine Lesung stattfindet. Also von denen, die da unten stehen, haben aber auch nur die wenigsten je ein Buch in der Hand gehabt. Also wat is hier Phase?« Das rief uns ein Polizist entgegen, der plötzlich bei uns in der Garderobe stand. Es war 18:30 Uhr. In wenigen Minuten sollte Einlass sein. Ich war 2017 mit meinem Buch »Diese verrückten 90 Minuten« auf Tour. Die Vorstellung in Essen war binnen weniger Tage ausverkauft. 500 Menschen. »Doch, dat is 'ne Lesung, und dat hier is der Künstler«, sagte die Veranstalterin, die mit im Raum stand. Sie deutete auf mich. Der Polizist lachte ein etwas abschätziges, aber nicht unsympathisches Lachen. »Dat is der Künstler? Dat is doch der vom Fernsehen?! Na ja, immer noch besser als der Reif.« Ich beglückwünschte ihn zu dieser Einstellung, ehe er fortfuhr: »Also, gute Frau, dann sehen Se zu, dat Se die Leute hier reinbekommen, die Anwohner denken schon, hier is 'ne Demo oder wat. Und wenn wat is, Sie wissen Bescheid.« Und im Hinausgehen: »Und dem Künstler gutes Gelingen.« Er tippte sich beiläufig mit dem Zeigefinger an die Mütze und zog hinaus. Die Veranstalterin hastete eilig hinterher zur Eingangstür, um umgehend die Pforten zu öffnen. Gegen 19 Uhr riss sie erneut die Tür zur Garderobe auf. Ehrlicherweise sei hinzugefügt, bei der »Garderobe« handelte es sich um ihr Büro. In der sich auch ihr Hund befand. Der wechselweise entweder entspannt und süß träumend vor sich hin schlummerte oder auf Gedeih und Verderb sein Revier verteidigen wollte. Die Wechsel zwischen Tiefschlafphase und blanker Aggression kamen sehr plötzlich. Es traf uns jedes Mal unvorbereitet.

»Bier is alle!«, brüllte sie nach Luft schnappend vollkommen fassungslos. »Die ham alles weggesoffen. Könnt ihr früher anfangen?« Der Hund schlief seelenruhig. Wir waren mit einem vier Mann starken Team unterwegs, schauten uns an, zuckten mit den Schultern. »Also im Grunde haben wir die nächste halbe Stunde ohnehin nix anderes vor«, sagte Marco Fenske, mein Kompagnon auf der Bühne. »Die haben sich teilweise fünf, sechs Flaschen gebunkert.« Die Veranstalterin war außer sich. »Ihr müsst anfangen. Bis zur Pause haben wir dann frisches Bier.« Normalerweise ist dieser große Saal ein Programmkino, wo sich verliebte Pärchen bei der Originalfassung von »Casablanca« verliebt bei einem Piccolöchen in die Augen schauen. Für die Klientel der heutigen Veranstaltung hatte es das Piccolöchen im besten Fall zum Frühstück für den Kreislauf gegeben. Wir starteten eine halbe Stunde früher als geplant, und es wurde ein grandioser Abend. Niemand blieb durstig zurück. Die

Veranstalterin bilanzierte, noch nie habe sie an einem Abend so viele Getränke verkauft. Wir sollten doch gerne wiederkommen. Der Hund wedelte erstmals an diesem Abend freundlich mit dem Schwanz.

In der Saison 2019/20 kommentierte ich das Champions-League-Spiel von Borussia Dortmund in Barcelona. Ende November. Die katalanische Luft war noch warm. Die Strandpromenade war belebt. Auf einer Strecke von etwa 500 Metern Promenade standen dicht gedrängt viele Händler, die ihre Ware feilboten. Praktische Dinge, die rund um ein vielleicht sogar spontanes Sonnenbad inklusive schneller Abkühlung im Mittelmeer benötigt werden. Getränke, klar. Strandtücher in den Motivvarianten: große Elefanten, Bob Marley, malerische Sonnenuntergänge oder schlicht neckische Slogans. Ausschließlich die Klassiker unter den Badetuchprints. Sonnenbrillen gab es, in allen Modellen, Formen und Farben. Die meisten nicht weit weg von den Originalen. Und es gab Trikots. Die breite Masse an Händlern führte ausschließlich Trikots des FC Barcelona. Meist mit »Messi« hinten drauf. Weltläufigere bedienten auch den Fußballfan im Allgemeinen. Mal ein Bayerntrikot hier, mal eins von Chelsea dort oder Manchester United, Inter Mailand, Juventus Turin. Dem Anlass entsprechend war man auch auf die Gäste aus dem Ruhrgebiet vorbereitet. Der Handel dort zeichnet sich eben auch dadurch aus, dass er spontan auf ebensolche Ereignisse reagieren kann. Das Einzige, was man dort nicht fand, war irgendein Fanutensil von Real Madrid. Niemand wäre so lebensmüde und würde dort, am Strand von Barcelona, ein Trikot von Real Madrid verkaufen. Nicht ausgeschlossen, dass ein Tourist auf der Suche nach etwas Landestypischem beherzt zugreifen würde. Aber da gelten am Strand von Barcelona nun mal strenge Prinzipien. Wir residierten im luxuriösen »W-Hotel« direkt an der Küste. Ich hatte aus meinem Zimmer bei der Vorbereitung auf das Spiel einen guten Blick auf das Treiben. Auch die ersten schwarz-gelben Anhänger tummelten sich dort unten. Einige sprangen ins kühle Nass und jauchzten auf die Frage »Und? Wie isset?« ein »Fantastico, fantastico!« Unser Hotel war gleichzeitig das der mitgereisten Edelfans, Sponsoren und Ehrengäste von Borussia Dortmund. Dementsprechend saßen Michael Morhardt und ich am Morgen des Spieltages inmitten von lauter Borussen beim Frühstück im Restaurant. Das war in der Tat zweifelsfrei zu erkennen. Jeder der Anwesenden trug etwas am Körper, das in irgendeiner Form an den Verein erinnerte. Mal ganz offensiv ein Trikot, mal ein Schal, eine Mütze, ein Polo-Shirt, ein entsprechend bedrucktes T-Shirt, Cap, Krawatte, zumindest aber ein Flaschenöffner an der Gürtelschlaufe. Alles, was das Devotionalien-Reservoir des Fanshops hergibt. Ich weiß mittlerweile, dass es sogar schwarz-gelbe Haarspangen gibt. Die Stimmung war schon morgens um zehn recht gesellig, denn es gab nicht nur frisch gepressten Orangensaft und Kaffee. Draußen auf der Terasse wurden auch schon die ersten Bier-Vasen auf Tabletts jongliert. Mitten in dieses emsige, lärmend fröhliche Treiben hinein sagte mein Redakteur plötzlich: »Jetzt könnte es lustig werden ...« Er deutete mit einer Kopfbewegung in Richtung des Eingangs. Ich drehte mich um. Dort unterhielt sich gerade ein mutmaßlicher Inder mit der Dame am Counter, die für die Verteilung der Plätze im Raum zuständig war. Der Herr war geschätzt Mitte 30, normale Statur, vielleicht 1,80 groß. Die Dame nickte ihm freundlich zu, kam hinter ihrem Stehtisch hervor und bewegte sich in Richtung der Sitzplätze. Der Inder folgte ihr. Mit stolzem aufrechten Gang, fast wippend. Keine Ahnung, ob er sich gewundert hat. Ich und Michael wunderten uns überhaupt nicht. Jetzt konnte auch ich es erkennen: Der Inder trug ein rotes Bayern-Trikot. Als er sich kurz umdrehte, erkannte ich die Rückennummer neun und den Schriftzug: L-E-W-A-N-D-O-W-S-K-I. Die Gespräche verstummten entweder sofort oder schlichen langsam aus. Schon nach wenigen Sekunden war nur noch der leichte Frühstücksjazz aus den Lautsprecherboxen zu hören. Sein Gang blieb aufrecht, aber er wurde doch gefühlt immer zeitlupiger. Ich könnte schwören, dass der Kerl am Nachbartisch den Griff seines Brötchenmessers noch etwas enger umfasste. Von außen deutete einer mit gekrümmtem Zeigefinger ein Klopfen an der Scheibe an und ließ einen energischen Scheibenwischer folgen. Er wischte so energisch mit der flachen Hand vor seinem Gesicht, dass ihm um ein Haar die Zigarette aus dem Mundwinkel gefallen wäre. Ein schweigender Saal brüllte: »Alta, hast du 'n Rad ab? Bist du lebensmüde? Willst du uns verarschen?« Gut 100 Borussen, Michael und ich als die Schweiz in bei Bedarf friedensstiftender Mission – und dazu ein Inder, der offenbar von allen guten Geistern verlassen schien, mit einem Akt maximaler Provokation. In einem Raum. Ein Mann hustete plötzlich, und der Kollege am Nachbartisch umklammerte sein Messer noch energischer. Robert Lewandowski war 2014 mit großem Getöse von Dortmund zu den Bayern gewechselt. Schlimmer wäre nur noch gewesen, der Inder wäre im Trikot von Manuel Neuer aufgetaucht. Oder hätte im Schalke-Trikot »Blau und Weiß, wie lieb ich dich« gesungen. Aber dieser Inder sang nicht, er trug »Lewandowski« und schien sich keines Fauxpas bewusst, geschweige Schuld oder Provokation. Ganz im Gegenteil: Er erreichte wippenden Ganges und voller Vorfreude auf ein ausgedehntes Frühstück seinen Platz. Vielleicht hatte er am Morgen ein Bad im Mittelmeer genommen und spontan bei einem der Händler zugeschlagen. Fix, wie Gott ihn schuf, ab in die Fluten, dann schnell mit dem frisch erworbenen Elefanten-Badetuch abgetrocknet und erkannt, dass sein aktuelles Oberteil zu sandig war für ein Essen im Fünfsternehaus. Schließlich festgestellt, dass die Farbe

Rot sein aktuelles modisches Ensemble erfrischen könnte, und schließlich bei »Lewandowski« beherzt zugegriffen. Wer weiß es denn?! Spätestens als ihm sein Kännchen Kaffee an den Tisch serviert wurde und er bemerkte, dass ihn alle anstarrten und keiner redete, muss es ihm geschwant haben, dass hier etwas nicht stimmte. Er wurde zusehends verlegener, wenngleich ihm diese Aufmerksamkeit nicht unangenehm zu sein schien. Bollywood! Vielleicht ist das eine echte Bollywood-Legende?! Bisschen Zerstreuung in Barcelona, einfach mal wieder Mensch sein, die Seele baumeln lassen. In Mumbai kann er schon lange nicht mehr unerkannt auf die Straße gehen, geschweige denn in Ruhe frühstücken. War es so? Wir werden es nie erfahren. Die Gespräche im Raum nahmen langsam, aber sicher wieder Fahrt auf, und in der Folge wurde der Mann keines Blickes mehr gewürdigt. Ignoranz als größtmögliche Form der Toleranz. Sonst passierte nichts. Im Verlaufe des Tages tauchte er immer wieder im Hotel auf. Er hielt den ganzen Tag an seinem Trikot fest. Und offenbar hatte er seinen Frieden mit der Delegation aus Dortmund gemacht. Denn zur Abfahrt der Busse und der Shuttles zum Stadion stand er nach wie vor in Bayern-Klamotten vor dem Hotel, hielt mit Freunden ein Schwätzchen und wünschte immer mal wieder: »Good Game!« Oder »Enjoy!« und »Have fun!« Die Dortmunder bedankten sich artig, und einer rief: »Und kauf dir mal wat Anständiges zum Anziehen!« Als wir schließlich im Taxi zum Stadion saßen, winkte er auch uns zu. Er trug zum Bayern-Trikot mittlerweile einen schwarz-gelben Schal. Dortmund verlor mit 1:3 in Camp Nou. Als wir nachts zurück ins Hotel kamen, war er verschwunden.

Wie sagte Leon Goretzka im September 2019: »Ich bin ein Kind des Ruhrgebiets. Da antwortet man auf die Frage nach der Nationalität mit Dortmund, Schalke oder Bochum.« Oder eben, im Ausnahmefall, Bayern München. Man möchte laut ausrufen:

»Besser geht nicht, Männer, besser geht nicht!« Das Copyright für diesen Satz gehört dem Vater von Max Meyer. Versehen mit dem Zusatz: »durch a verbotene Stadt, Gelsenkirchen, ab zum Steuerberater. Schön mit de bezahlte Lambo vom Pleiteclub. Herrlich!« Das Video tauchte in der Woche vor dem 30. Spieltag in den einschlägigen sozialen Netzwerken auf. Es zeigt Vater Meyer im offenen Cabrio mit wehendem, wenn auch schütterem Haar bei einer Autofahrt. Max Meyer war als 14-Jähriger in die Schalker Knappenschmiede gekommen. Er entwickelte sich zu einem der aufregendsten Talente des deutschen Fußballs. 2017 wurde er U21-Europameister, machte vier A-Länderspiele. Er galt als Hoffnungsträger. Dem Raketenstart in seine Karriere folgten dann allerdings etwas schwächere Jahre, die der FC Schalke in einem neuerlichen Angebot zur Vertragsverlängerung entsprechend hinterlegt wissen wollte. Max Meyers Berateragentur beharrte auf dem Weltklasseniveau ihres Schützlings und entsprechenden wirtschaftlichen Konditionen. Die Parteien überwarfen sich, und so verließ Max Meyer im Sommer 2018 den Verein ablösefrei. Angebote von Weltklasseclubs für den Weltklassespieler Meyer blieben aus. Und so wechselte er schließlich zum englischen Premier-League-Verein Crystal Palace. Seine Zeit bei Königsblau hat allerdings offenbar trotzdem gereicht, um seinem Vater einen Lamborghini zu spendieren, den dieser nun voller Stolz durch Gelsenkirchen fährt. Seine Genugtuung ist nicht zu übersehen, sein Stolz auch nicht.

Schalke war durch die Coronakrise schwer getroffen worden. Eine noch längere Pause hätte wahrscheinlich sogar existenzbedrohende Konsequenzen nach sich gezogen. Die Profiabteilung bot dem Verein eine freiwillige prozentuale Verringerung der Bezüge an, um ihn zu unterstützen und Arbeitsplätze zu erhalten. Die sportliche Führung um Jochen Schneider und Peter Peters wollte gar auf einen Großteil des Gehalts verzichten. Aus

Loyalität zum Verein und aus Solidarität zu den Mitarbeitern. Und mitten hinein in diese Phase platzte das Video von Papa Meyer. Max Meyer entschuldigte sich peinlich berührt für seinen Vater. Dieser sollte später von einer verlorenen Wette sprechen, die er eingelöst habe. Ein herrliches Dokument von gesellschaftlicher Verantwortung, von Gleichmut und unbändiger Lebensfreude. Letztere war übrigens den meisten Schalker Anhängern mittlerweile gänzlich vergangen.

Denn in der Woche zum 30. Spieltag hin, Schalke spielte bei Union Berlin, wurde ein Schreiben des Clubs an Karteninhaber publik, in dem der Verein die Anhänger dazu aufforderte, dass, wer sein Geld für nicht nutzbare Tickets zu Bundesligaspielen bis 2022 zurückfordere, seine finanzielle Notlage offenlegen solle. »Damit der FC Schalke 04 in seiner Vereinsfamilie einheitlich und fair mit den Härtefallanträgen vorgehen kann, benötigen wir genaue Informationen von dir. Bitte fülle dazu folgende Felder aus ... Warum benötigst du das Geld unbedingt jetzt? Begründe bitte deinen Härtefallantrag in den folgenden Zeilen, falls möglich, füge bitte auch entsprechende Belege an.« So hieß es wörtlich in dem Schreiben. Und der Shitstorm in drei, zwei, eins ... der Schalke-Fan war vor den Kopf gestoßen. Behandelt wie ein x-beliebiger Kunde. Von »Schufa 04« war die Rede. Dies zeigte, wie groß die ökonomische Not bei Königsblau wirklich war, und auch, wie weit sich der Verein offenbar von seiner Basis entfernt hatte. Jedem, der einigermaßen bei Verstand ist, musste klar gewesen sein, was dieses Schreiben an Reaktionen nach sich ziehen würde. Ich stelle mir ein Gremium der ranghöchsten Schalker vor, die beim Gedankenaustausch zum Thema »Wie bringen wir die Leute dazu, auf das Geld für bereits bezahlte Karten zu verzichten?« zusammensitzen. Und es wird diskutiert über Fananleihen, Solidaritätsfonds und dergleichen, und plötzlich steht einer auf und sagt: »Härtefallantrag!« Und alle Gesprächsteilnehmer stehen auf, klatschen anerkennend, und einer sagt: »Das ist die beste Idee, die ich seit Langem gehört habe.« Ich kann nur hoffen, dass in dieser Runde zumindest einer war, der gesagt hat: »Also, wenn wir das auf den Weg bringen, können wir das Entschuldigungsschreiben noch im gleichen Rutsch mitmachen.« Vater Meyer hätte zumindest nachvollziehbar argumentieren können: »Ich muss den Lambo volltanken, und auf dem 800-Quadratmeter-Grundstück muss der Pool gestrichen werden.« Sportvorstand Jochen Schneider sprach von einem Eigentor. Das dürfe kein Verein in der Bundesliga machen, und schon gar nicht Schalke 04. Finanzvorstand Peter Peters wurde auserkoren, dafür die Verantwortung zu übernehmen, und schied zum 30. Juni 2020 beim FC Schalke aus, nach 27 Jahren im Verein. Sicher nicht unbeteiligt an der aktuellen finanziellen Schieflage, sicher nicht alleinverantwortlich für den »Härtefallantrag«.

Dieses PR-Desaster, das Schalke auch dann noch beschäftigen wird, wenn wieder Zuschauer ins Stadion dürfen, geriet mitten hinein in den Höhepunkt der sportlichen Talfahrt der Rückrunde. Die Schalker hatten am 17. Januar zuletzt ein Bundesligaspiel gewonnen. Nach einer bemerkenswert erfolgreichen Hinrunde, die sie sogar zwischenzeitlich in die Nähe der Champions-League-Plätze spülte, folgte der Absturz zunächst schleichend, wurde dann unverkennbar und schließlich, nach der Coronapause, unaufhaltsam. Mit Trainer David Wagner, so hoffte man auf Schalke im Sommer zuvor, hatte man den richtigen Mann für diesen Verein verpflichtet. Eine Art Shootingstar der Branche. Ein Mann, der Schalke kennt, noch aus seiner aktiven Zeit. Er gehörte zum Kader der berühmten Eurofighter 1997. Mit Huddersfield in England war er sensationell in die Premier League aufgestiegen und hatte, noch sensationeller, den Verein sogar für ein Jahr in Englands höchster Spielklasse gehalten.

Nach einem Dreivierteljahr Auszeit war er auf Schalke vorgestellt worden. Er präsentierte sich eloquent, schlagfertig, sicher im Umgang mit den Medien, was auf Schalke kein unwichtiger Punkt ist. Seine Freundschaft zu Jürgen Klopp wurde medial oft thematisiert. Und in der Tat, er formulierte auf Pressekonferenzen teilweise baugleiche Sätze wie der Liverpooler Startrainer. Eine ähnliche Karriere wie die von Jürgen Klopp in Dortmund war ihm durchaus zuzutrauen. Nach zuvor einem Jahr Abstiegskampf unter Domenico Tedesco nährte die Hinrunde die Hoffnung aller Schalker auf eine glorreiche Zukunft. Der Höhenflug endete abrupt. Schon vor der Coronapause blieb S04 sieben Spiele in Folge ohne Sieg. Arge Verletzungssorgen hatten den Club erschüttert. Die Personallage entspannte sich nach dem Restart, die Leistungen hingegen wurden immer besorgniserregender. Einem 0:4 zum Auftakt im Revierderby folgte ein 0:3 in der leeren Veltins-Arena. Das 1:2 in Düsseldorf und das darauffolgende 0:1 gegen Bremen ließen sämtliche Träume von Europa ersterben. Die Ergebnisse für sich genommen machten schon betroffen, ihr Zustandekommen noch sehr viel mehr. Schalke hatte beim Abstiegskandidaten Düsseldorf nur gut 20 Prozent Ballbesitz. In der ersten Hälfte gegen den Abstiegskandidaten Bremen 30 Prozent. Auch die Aussagen von David Wagner wurden immer seltsamer. Eine andere Spielweise als diese – sehr destruktive, sehr passive – sei im Moment mit dem Kader nicht drin, so sagte er. Schalke war seit 11 Spielen in der Bundesliga ohne Sieg. Sportvorstand Jochen Schneider stellte seinem wichtigsten Mitarbeiter trotzdem ein gutes Zeugnis aus und gab ihm die Garantie, auch in der neuen Saison an der Seitenlinie zu stehen. Aus einem wiedererstarkten Traditionsclub mit vielversprechender Perspektive war innerhalb weniger Wochen ein sportlich wie wirtschaftlich offenbar mittelloser Club geworden, der selbst unter seinen eisernen Anhängern zur

Lachnummer zu verkommen drohte. Als quasi Robin Hood bedachte der Verein vorzugsweise die Clubs im Abstiegskampf – Motto: Geben ist seliger als Nehmen – und konnte selbst froh sein, nicht noch selbst dort hineingeraten zu sein. Wie rücksichtsvoll dem Verein gegenüber, so wurde gespottet, dass die Spieler freiwillig auf ihre Siegprämie verzichtet hatten. 30 Punkte nach der Hinrunde waren ein stabiler Unterboden. Bis zum 30. Spieltag kamen noch acht weitere dazu. Den immerhin 38. Punkt gab es an der Alten Försterei bei Union Berlin. In intensiven ersten 45 Minuten und praktisch ungenießbaren zweiten. Zehn Unionanhänger versorgten die Partie aus dem Wald am Stadion mit 90-minütiger gesanglicher Unterstützung. Nach Abpfiff liefen die Spieler der Eisernen in Richtung der Sangesbrüder, um sich für die Unterstützung zu bedanken. Mit dem gebotenen Abstand, aber herzlich. »Dit is Union, verstehste …« Der FC Schalke 04 konnte auch das 12. Spiel in Serie nicht gewinnen und stellte damit den Vereinsnegativrekord aus der Saison 1993/94 ein.

Bis zum Saisonende gewannen die Knappen kein einziges Spiel mehr. 16 Spiele in Folge ohne Erfolgserlebnis. Auch im Drumherum blieb sich Schalke treu und ließ kein Fettnäpfchen aus. Mitte Juni entließ der Verein 24 zum Teil altgediente Fahrer, die zumeist für die Nachwuchsabteilung zuständig waren. Sie waren dem Verein auf 450-Euro-Basis verbunden. Dieser Dienst wurde in ein Fremdunternehmen ausgelagert. In der Sommerpause wurde schließlich der Stürmer Rabbi Matondo im BVB-Trikot seines Freundes Jadon Sancho beim Workout im Gym in Cardiff fotografiert. Der junge Waliser wollte das als Akt der Freundschaft verstanden wissen, unterschätzte dabei aber ganz offensichtlich die Rivalität zwischen Königsblau und Schwarz-Gelb. Um Rivalitäten im Ruhrgebiet zu verstehen, kann mitunter sogar schon ein Frühstück im Hotel in Barcelona reichen.

Und dann war da noch: Clemens Tönnies. Der Aufsichtsratsvorsitzende beim FC Schalke. Ich habe ihn mehrfach auf Veranstaltungen erlebt, wo er sich zu vorgerückter Stunde das Mikrofon nahm und anfing zu singen, selten musste er wirklich dazu aufgefordert werden, manchmal war er ohnehin schon Teil des Rahmenprogramms. Den USB-Stick mit der Musik hatte er wie zufällig bei solchen Gelegenheiten immer dabei. »An Tagen wie diesen« von den Toten Hosen gehörte zu seinem Standardrepertoire, »Ich mach mein Ding« von Udo Lindenberg ebenso. Die Stimme war laut und kräftig. Er sang nicht schlecht und gerne. Und es war klar, dass in dem Moment, als Tönnies sang, der Abend seinen Höhepunkt erreichte, erreichen musste. Ein milliardenschwerer Fleischfabrikant, der Schalke-Boss, der sich mitten unter die Feierwütigen stellt und singt. Der Wow-Effekt war ihm in jedem Fall sicher. Dieser Mann hat den Bezug zur Basis nicht verloren. Zumal er, nicht selten, bei Derbys mitten im Schalke-Block stand. Mit Bier in der Hand genauso eskalierte wie jeder und jede andere um ihn herum. Er hat innerhalb eines Berufslebens aus einer Metzgerei den größten Fleischfabrikanten Europas gemacht. Schalke wurde unter seiner Leitung zu einem der mitgliederstärksten Fußballvereine der Welt. Er unterstützte finanziell, knüpfte internationale Verbindungen. Schalke hat ihm viel zu verdanken. Und er selbst konnte diese Bühne nutzen, um sich als nahbar und bodenständig zu zeigen. Im Sommer 2019 sagte Tönnies auf dem Tag des Handwerks in Paderborn, statt Abgaben zu erhöhen, solle man lieber jährlich 20 Kraftwerke in Afrika finanzieren. »Dann würden die Afrikaner aufhören, Bäume zu fällen. Und sie hören auf, wenn's dunkel ist, Kinder zu produzieren.« Eine Form von Alltagsrassismus, der schon im normalen Leben und im normalen Gespräch geradezu ungehörig ist. Für Menschen in dieser Position, als Repräsentant und Entscheidungsträger eines der wichtigsten

Fußballvereine dieses Landes sowie als Chef und Verantwortlicher für viele Tausend Mitarbeiter, ist so ein Satz von einer Bühne vor Publikum normalerweise gleichbedeutend mit dem Ende aller Tätigkeiten. Nicht so bei Clemens Tönnies. Er entschuldigte sich aufrichtig, es gab einen öffentlichen Rüffel vom Club und dessen Ältestenrat, er ließ seine Ämter für drei Monate ruhen und kehrte im Dezember 2019 auf Schalke zurück. Konnte er diese Krise noch aussitzen, so gelang dies ein paar Monate später nicht mehr.

Was eigentlich jeder Verbraucher und Politiker, jeder Fußballfan und Fußballgegner über die Fleischproduktion im Hause Tönnies wusste, wurde mit einem Schlag in das Bewusstsein aller Bundesbürger gerückt. Ein Corona-Ausbruch in seiner Fabrik in Rheda-Wiedenbrück mit über 1400 Infizierten sowie ein erneuter Lockdown für die komplette Region brachten die Arbeitsbedingungen in dieser Fabrik auf die Agenda: Über das perfide System von Werksverträgen mit Subunternehmern wurden vor allem osteuropäische Arbeiter massiv ausgebeutet. Diese hausten in Sammelunterkünften unter zum Teil desaströsen hygienischen Bedingungen. Damit waren es vor allem auch diese Sammelunterkünfte, die einen idealen Nährboden für die Ausbreitung des Virus boten. Da war von der Haltung der Tiere noch gar nicht die Rede. Auch die kam nach und nach an das Licht der Öffentlichkeit. Ende Juni dann trat Clemens Tönnies nach 26 Jahren von allen Ämtern auf Schalke zurück. Die Fleischproduktion wurde nach dem regionalen Lockdown wieder aufgenommen. Tönnies betonte, er habe zu keinem Zeitpunkt gegen geltendes Recht verstoßen. Die Staatsanwaltschaft nahm die Ermittlungen auf.

Schalke mit verärgerten Fans, ohne Tönnies, ohne Peter Peters, ohne Kohle und ohne Siege. Selten hat ein Verein eine Sommerpause so sehr gebraucht, um seine innere Mitte wiederzufinden. Die neue Saison begann schließlich, wie die alte aufgehört hatte: finanziell und sportlich klamm. Nach zwei Spieltagen der neuen Spielzeit und zwei Niederlagen zum Auftakt trennte sich der FC Schalke von Trainer David Wagner. Sein Nachfolger wurde Manuel Baum.

30. SPIELTAG

SC Freiburg – Borussia Mönchengladbach	1:0
RB Leipzig – SC Paderborn 07	1:1
Bayer 04 Leverkusen – FC Bayern München	2:4
Eintracht Frankfurt – 1. FSV Mainz 05	0:2
Fortuna Düsseldorf – TSG Hoffenheim	2:2
Borussia Dortmund – Hertha BSC	1:0
SV Werder Bremen – VfL Wolfsburg	0:1
1. FC Union Berlin – FC Schalke 04	1:1
FC Augsburg – 1. FC Köln	1:1

TABELLE

	Verein	SP.	S	U	N	TORE	DIFF.	PKT.
1	FC Bayern München	30	22	4	4	90:30	60	70
2	Borussia Dortmund	30	19	6	5	81:35	46	63
3	RB Leipzig	30	16	11	3	75:32	43	59
4	Borussia Mönchengladbach	30	17	5	8	57:36	21	56
5	Bayer 04 Leverkusen	30	17	5	8	56:40	16	56
6	VfL Wolfsburg	30	12	9	9	42:36	6	45
7	TSG Hoffenheim	30	12	7	11	42:50	-8	43
8	SC Freiburg	30	11	8	11	39:41	-2	41
9	Hertha BSC	30	10	8	12	43:51	-8	38
10	FC Schalke 04	30	9	11	10	35:47	-12	38
11	Eintracht Frankfurt	30	10	5	15	49:55	-6	35
12	1. FC Köln	30	10	5	15	47:57	-10	35
13	FC Augsburg	30	8	8	14	41:57	-16	32
14	1. FC Union Berlin	30	9	5	16	35:53	-18	32
15	1. FSV Mainz 05	30	9	4	17	39:62	-23	31
16	Fortuna Düsseldorf	30	6	10	14	33:60	-27	28
17	Werder Bremen	30	6	7	17	30:63	-33	25
18	SC Paderborn 07	30	4	8	18	33:62	-29	20

DFB-Pokal – Jetzt geht's ans Eingemachte

MEIN Antrittsbesuch in der Allianz Arena nach der Coronapause. Es gibt kein Stadion, in dem ich in den letzten Jahren häufiger gearbeitet habe als in der Allianz Arena in München. Große Spiele der Bayern, in der Bundesliga und auch in der Champions League, inklusive des Finales 2012. Sogar das erste Training von Pep Guardiola 2013 vor 20 000 Menschen. Live bei Sky Sport News. Große Siege und folgenreiche Niederlagen. Von den Ordnern verabschiede ich mich in der Regel mit den Worten: »Also dann bis nächste Woche, ich lass' das Handtuch einfach liegen.« Um dieses Portfolio zu vervollkommnen, gehört ein Spiel vor Geisterkulisse einfach dazu.

Es ist das Pokalhalbfinale des FC Bayern gegen Eintracht Frankfurt. Die Münchner haben im Verlauf der Rückrunde ein einziges Mal Punkte abgegeben. Beim 0:0 gegen RB Leipzig. Trainer Hansi Flick hatte aus den Roten wieder eine echte Maschine gemacht. Im besten Sinne. Ob mit oder ohne Zuschauer. Wettbewerbsunabhängig. Eintracht Frankfurt hatte nach dem Sieg in der Vorwoche bei Werder Bremen ein weiteres Jahr Erste Liga nahezu sicher. Im Jahr 2018 hatten sie in Berlin die Münchner sensationell im Pokalfinale besiegt. Zur Vorbereitung auf das Spiel schaute ich mir Auszüge aus diesem Finale noch einmal an. Dazu gibt es auf YouTube unzählige Reportagen rund um dieses Ereignis. Wie Eintracht Frankfurt das Unmögliche möglich machte. Beeindruckend! Mit etwas Glück und ganz viel Herz und dem Ausspruch »Bruda, schlag den Ball lang«. Es war die scheinbar simple Erfolgsformel, die Ante Rebić seinem Mannschaftskollegen Kevin-Prince Boateng mit auf den Weg gab. Und es funktionierte. Der Prince schlug den Ball lang, und Eintracht Frankfurt ließ ein Märchen wahr werden.

Rebić und Boateng hatten die Eintracht am 10. Juni 2020 längst verlassen. Aber die Erkenntnis »Im Fußball ist alles möglich«, die steht für immer. Nahezu personenunabhängig. Und für Pokalspiele gilt, gerade auch für Außenseiter, wie Frankfurt in diesem Vergleich einer war: Der Pokal hat seine eigenen Gesetze. Wenn nichts mehr hilft und jeder Erklärungsansatz ins Leere greift, dann hat der Pokal seine eigenen Gesetze. Oder: So ist Fußball. Oder: Das sind Geschichten, wie sie nur der Fußball schreibt. Es spielt keine Rolle, dass durchaus auch in anderen Lebensbereichen vergleichbare Geschichten geschrieben werden.

Wenn beispielsweise eine Kassiererin spektakulärerweise einen kompletten Wochenendeinkauf im Kopf zusammenrechnen muss, weil die Kasse eins ausgefallen ist. Keiner würde laut jubilierend rufen: Das sind Geschichten, die nur der Lebensmittelmarkt schreibt. Nein, da betrachtet sich der Fußball gerne als den einzig wahren Lebensbereich. Gerade auch rhetorisch. Dabei hatte sie »nicht lange gefackelt« und einfach nur im Kopf zusammengerechnet, was da auf dem Band lag. Sie feierte einen »Einstand nach Maß«, auch weil sie Glück hatte, dass es im Markt kein »gellendes Pfeifkonzert« gab, so dass sie sich voll aufs Kopfrechnen konzentrieren konnte. »Die Wahrheit liegt hier schließlich auf dem Platz.« Und zwar auf ihrem. »Der Maschinenraum« des Marktes würde sicher später alles »auf seine Kappe« nehmen. In der Umkleidekabine würde man »gerne Mäuschen spielen wollen«, wenn der Marktleiter ganz sicher mal »Dampf ablassen« wird. Das machte er am liebsten »im stillen Kämmerlein«. An Kasse drei übrigens: »Duplizität der Ereignisse«. Aber: Kasse eins »hui«, Kasse drei »pfui«. »Die Älteren werden sich erinnern.« Mit einer »Glanzparade« hatte die Frau von Kasse eins dieses technische Malheur abgewehrt, all ihre Kopfrechenkenntnisse in die »Waagschale« geworfen. »Es lief wie am Schnürchen.« Schließlich waren das »gut und gerne« 30 Artikel, die auf dem Band lagen. Es gab kein »Nachkarten«, sondern ausschließlich »beherztes Zupacken«. Letztlich war es nicht mehr als ein »Schaulaufen« gewesen »um die goldene Ananas«. Trotzdem: »Hüben wie drüben« zeigten sich die Kunden begeistert, und schließlich wurden auch die Kinder an den »langen Kerls« vorbei nach vorne geschickt, um »das hier live mitzuerleben«, als es »ans Eingemachte ging«. Es lief »wie aus einem Guss«. Das war »Anschauungsunterricht«, »eine Demonstration«. »Nicht mehr und nicht weniger.« Es war »großes Kino« und schien »nicht von dieser Welt«. Auch als die Würfel und Skatkarten kamen. Da drohte es kurz »brenzlig« zu werden. »Aus heiterem Himmel.« »Aber Pustekuchen!« Ihr »Mut wurde belohnt«. Und »Bitte schön«: Sie dachte »nur von Spiel zu Spiel«. Es war »zum Zungeschnalzen«. Sie »fasste sich ein Herz« und hat damit »eine echte Duftmarke gesetzt«. Wie »ein ausgekochtes Schlitzohr«! »Das sieht man auch nicht alle Tage.« Die Situation war »brandgefährlich«. Die Kollegin von Kasse drei, die hatte sich nämlich »wahrlich nicht mit Ruhm bekleckert«. Und es wäre »alles andere als verdient gewesen«, wenn sie »die Früchte der Arbeit geerntet« hätte. Denn dort »war der Wurm drin«. Aber während die Kollegin von Kasse drei offenbar »kein Zielwasser getrunken« hatte und weitestgehend »ohne Fortune« blieb, »schraubte sie sich hoch«, als »Turm in der Schlacht«. Die Kollegin schien »heute nicht ganz sattelfest« zu sein, »kam auf keinen grünen Zweig«. Sie war schlicht »zu ungenau« und hatte dem Markt damit »einen Bärendienst erwiesen«. War sie »mit der Situation komplett überfordert«? Wäre das nicht ein guter Zeitpunkt gewesen, um »die Rotationsmaschine anzuwerfen«?! Vielleicht wollte sie es auch »zu genau« machen. Sie hatte »Nadelstiche setzen« wollen, war aber eben nicht der Typ »Feuerwehrmann«. Es »war angerichtet«, aber die Kollegin war heute die »überlegenere«. Sie »legte los wie die Feuerwehr«. Schon nach den ersten zwei, drei Artikeln war den Kunden klar: »Hier geht heute die Post ab.« Kasse drei hingegen »behäbig«, »pomadig«, »zäh«, zu viel »Alibi«, zu viel »klein-klein«. »Die kalte Dusche« gab es spätestens, als die Milchprodukte übers Band liefen. Da jagte dann ein »kapitaler Schnitzer« den nächsten. Dabei hatte sie zunächst noch gedacht, das sei »leichte Beute«. Aber »denkste!« Er war »ein schönes Schlamassel«. Auf den nächsten »Bock« folgte der »nächste Klops«, und gegen Ende ging es nur noch um »Ergebniskosmetik«. »Das Kind war in den Brunnen gefallen.« Sie »mühte sich redlich«, aber es wurde sehr schnell »zappenduster«. Der Marktleiter hatte es ihr »gebetsmühlenartig« immer wieder gesagt: »Von ihr muss mehr kommen«, denn »das war einfach zu wenig«.

Unsere Heldin hingegen war von vornherein »Chefin im Ring«. »Galliger«, ja, auch »reifer« und »griffiger«. Der »Dreh- und Angelpunkt« des Einkaufsmarktes. Auch sie hatte »kitzlige« Szenen zu überstehen, aber die meisterte sie mit »all ihrer Erfahrung«. Sie war »die Lebensversicherung« des Marktes, und der Marktleiter selbst stand da als »Mister Zuverlässig«. Ja, »einmal mehr« war sie »in die Bresche gesprungen«. Während Kasse drei mit ihrer »eingebauten Torgarantie« durchaus für Amüsement sorgte. Und wo deren »Torhunger« noch längst nicht gestillt war, konnte die Heldin des Marktes sogar »noch eine Schippe drauflegen«. »Schulmäßig.« Sie konnte dem Einkauf ihren »Stempel aufdrücken«. Ohne »Wenn und Aber«. Es war »herrlich mit anzusehen«. Hier im Markt hat sie ihre Ausbildung gemacht, »von der Pike auf« alles gelernt und »kennt ihn damit aus dem Effeff«. Sie hatte Regale »bis auf den letzten Platz gefüllt«, bis praktisch »keine Maus mehr« reinpasste, und hatte sich mehr als »wacker geschlagen«. Natürlich hatte sie »Stallgeruch«, wenn sie tagelang »mutterseelenallein« an den »Fleischtöpfen« ranmusste. Aber das war ihr immer noch lieber als »Bankangestellte«. »Auf der Bank schmoren«, das war nie ihr Ding gewesen. Sie wusste, dass »hier die Trauben hoch hängen«. Sie hatte »frisch gebackene deutsche Meister« bedient, immer wieder auf einen »Nachschlag« gehofft und war häufig genug »allein auf weiter Flur« gewesen. Aber sie hatte sich niemals »die Butter vom Brot nehmen« lassen. Mit der »Eichhörnchen-Taktik« kam sie voran. Vielen von ihren Kolleginnen fehlte »im Abschluss die letzte Konsequenz«. Da war sie »aus einem anderen Holz geschnitzt«. Man dürfe »nicht alles auf die Goldwaage legen«, hatte sie immer gesagt und »lag damit goldrichtig«. Die anderen schliefen »den Schlaf der Gerechten«, der vermeintliche »Sturm war nur ein laues Lüftchen«. Ihr »Hunger auf mehr« war »nie gestillt«, und deshalb ist sie »jetzt ganz oben angekommen«. »Der Knoten war geplatzt.« Als »designierte« Marktleiterin. »Allen Unkenrufen zum Trotz.« Sie zog nun »einsam ihre Kreise«. Aus dem »hässlichen Entlein war ein stolzer Schwan« geworden. »Wie Phönix aus der Asche.« Aus dem »Shootingstar« wurde eine »echte Führungspersönlichkeit«, ein »Leitwolf«. »Chapeau!« Da staunte selbst der Herr Pfarrer – für gewöhnlich der »Heilsbringer«. »Jetzt ist die Messe gelesen!«, jubelte er. Er »nestelte an seiner Gesäßtasche«, natürlich »um seine Karte zu zücken«. Und der herbeigeeilte Leiter der Süßwarenabteilung befand: »Jetzt ist der Drops gelutscht!« »Allergrößten Respekt« und »Herzliche Gratulation!«

Der Pokal hat seine eigenen Gesetze, und eines davon lautet eben auch, dass ihn der FC Bayern München meistens gewinnt.

Eintracht Frankfurt lieferte ein ordentliches Spiel ab. Danny da Costa konnte die Führung von Ivan Perišić ausgleichen. Schließlich erzielte Robert Lewandowski in der 74. Minute den 2:1-Endstand und die Bayern fuhren zum Geisterfinale nach Berlin. Von den Ordnern verabschiedete ich mich standesgemäß: »Also dann, bis Samstag!« Am Tag zuvor hatte sich Bayer Leverkusen bereits beim 1. FC Saarbrücken durchgesetzt. Das Pokalfinale am 4. Juli 2020 lautete: Bayer Leverkusen gegen Bayern München.

Der 31. Spieltag – Störenfriede und Muskelgruppen

ES WAR immerhin schon der 13. Juni, und die Bayern waren immer noch nicht Meister. So lange hatte es aber schon lange nicht mehr gedauert. Haha! Sie waren aber nicht nur auf einem guten Wege dorthin, sondern auf dem besten. Sie stellten die besten Individualisten und am Ende, Corona hin oder her, das beste Gesamtpaket. Leon Goretzka hatte in der Coronapause Zuwachs bekommen. Muskelzuwachs. Vom Hemd zum Hulk innerhalb von acht Wochen. Während Fotomodels bei Komplimenten über ihre Figur gerne erzählen, sie würden auch nicht wissen, wie es zu ihrem Körper kommen konnte. Sie könnten und würden essen, was sie wollten, sie blieben schlank. Das zieht natürlich lange Gesichter selbst bei Normalgewichtigen nach sich. Während Übergewichtige oft behaupten, bei ihnen habe das mit dem Stoffwechsel oder mit ausgesprochen schweren Knochen zu tun, weil sie sich ausschließlich von Salat und linksdrehendem Fidschi-Wasser ernähren würden. Und die Detox-Teekur sei auch wieder nur ein Griff ins Klo gewesen. Da antwortete Goretzka ehrlich und aufrichtig, das sei das Ergebnis einer Ernährungsumstellung sowie harter Auseinandersetzungen mit Lang- und Kurzhanteln während der Coronapause. Sergio Ramos von Real Madrid hat in dem Segment im Übrigen offensichtlich noch etwas intensiver gearbeitet. Zudem war auch die Coronapause in Spanien noch mal vier Wochen länger. Er entwickelte darüber hinaus beachtlichen Bartwuchs und interessiert sich offenbar insgesamt für eine Hauptrolle in einem neuen Hollywoodstreifen zu historischen Schlachten der griechisch-römischen Mythologie. Thomas Müller bewunderte seine neu hinzugewonnenen Bauchmuskeln, und Robert Lewandowski hatte schon nach der Sommerpause 2019 Muskeln an Stellen, da haben die meisten keine Stellen. Von nichts kommt nichts, und vielleicht gehört es zu den Geheimnissen selbst der Besten, dass sie willens und bereit sind, obwohl auf Toplevel schon angekommen, sich immer weiterzuentwickeln und zu verbessern.

So kamen die Bayern aus der Pause, als hätte es keine Pause gegeben. Wie auch die meisten Vereine der Bundesliga scheinbar unbeeindruckt von den äußeren Umständen in die finale Phase der Bundesliga zurückkehrten. Ausnahmen waren der FC Schalke 04 und der 1. FC Köln. Über Schalkes Probleme haben wir bereits gesprochen. Die Kölner hatten sich durch einen famosen Zwischenspurt noch vor der Pause den Klassenerhalt praktisch gesichert. Es fehlten noch ein paar Pünktchen für rechnerische Sicherheit, und auch das sollte gelingen. Ansonsten präsentierten sich die Clubs in mindestens normalem, zumeist gutem Zustand. Erstaunlich! Hört man doch zum Saisonstart oder nach der Winterpause häufig Sätze wie: »Wir müssen erst wieder reinkommen.« »Wir haben unseren Rhythmus noch nicht.« »Wir sind noch nicht eingespielt.« Oder: »Da kann ich nur um Verständnis werben, wir brauchen noch etwas Zeit, um uns zu finden.« Mitunter finde ich solche Sätze etwas befremdlich. Man stelle sich einen Arzt vor, der, nach seinen drei Wochen Sommerurlaub, in der ersten Woche nach den Ferien einen Behandlungsfehler mit den Worten erklärte: »Da kann ich nur um Verständnis bitten, aber wir müssen hier in der Praxis erst wieder in den Rhythmus kommen. Außerdem haben wir ein paar neue Mitarbeiter. Das muss sich erst wieder einspielen.« Die Hinterbliebenen hätten sicher größtes Verständnis, in dem Wissen, dass es beim dritten oder vierten Patienten voraussichtlich wieder flutschen würde.

Nein, das Niveau der Spiele ab dem Restart war überraschend gut. Die nach der Pause erlaubten fünf Ein- und Auswechslungen wurden von sämtlichen Clubs häufig vollumfänglich in Anspruch genommen. Das schont Ressourcen und bringt Einsatzzeiten auch fürs zweite und dritte Glied des Kaders. In der Konsequenz beschlossen nationale und internationale Verbände, dieses Modell auch für die Folgesaison beizubehalten. Auch die anfänglich befürchteten »wilden Ergebnisse« blieben aus. Kein 7:4, kein 10:2, kein 5:5. Aufgrund der leeren Stadien spielte der Heimvorteil praktisch keine Rolle. Nur gut 20 Prozent aller Heimspiele wurden gewonnen. In normalen Spielzeiten sind es zwischen 40 und 50 Prozent. Zufall? Möglicherweise. Denn in der Zweiten Liga war der Anteil der Heimsiege ganz normal. Die vorliegenden Daten ergeben eine Momentaufnahme, aber noch reichen sie nicht, um daraus wirklich ernsthafte Erkenntnisse abzuleiten. Fußballerische und individuelle Qualität spielte eine etwas größere Rolle. Weil logischerweise die Beeinflussung durch Stimmungen und daraus resultierende Wendungen von außen wegfiel. Auch negative Stimmungen durch die eigenen Fans. Man kann sich so ungefähr vorstellen, was aufgrund der sportlichen Situation auf Schalke losgewesen wäre. Was über die sozialen Netzwerke an Hohn und Spott und beißendem Sarkasmus alleine durch die eigenen Anhänger verbreitet wurde, legt den Verdacht nahe, dass es vielleicht ganz gut war, dass kein Fan im Schalker Stadion war. Aber, rein hypothetisch, vielleicht wäre es auch gar nicht so weit gekommen, wenn vor Fans gespielt worden wäre. Schiedsrichterentscheidungen wurden nach wie vor energisch diskutiert. Zumal man die Diskutierenden nun auch sehr gut verstand. Die Theatralik auf dem Platz allerdings fiel nahezu gänzlich weg. Auch die Symbolik in den Aktionen. Gefoulte drehten nicht noch eine Extrarolle, um das Publikum zu stimulieren. Es gab deutlich weniger Provokationen. Sämtliche Unparteiische, mit denen ich in dieser Zeit Kontakt hatte, gaben zu, dass das Arbeiten angenehmer gewesen sei. Ausnahmslos alle bestätigten mir nichtsdestotrotz, dass ihnen die Zuschauer im Stadion fehlen würden. Da kann ich nur zustimmen. Mir ging es nicht anders. Es fehlte, dass kurz vor Start in die Live-Übertragung eines Spiels noch einer ins TV-Set reinruft: »Ey, Wolff-Dieter, bisch der Beschde.« Es fehlte, dass, wie einst in Dresden kurz vor Anpfiff, mal einer bei mir auftaucht und fragt, ob ich ihm den Blue Movie Channel freischalten könne. Jetzt. Es fehlte, dass, wie auf Schalke in der 80. Minute, einer kommt und mir seine Eintrittskarte und einen Stift auf den Tisch legt. Ich schaute ihn fragend an. Worauf er mit seinem rechten Zeigefinger auf seine Uhr am linken Handgelenk tippte, mit den Schultern zuckte, um dann den Stift zu nehmen und damit imaginär über seine Eintrittskarte zu kritzeln. Schließlich zeigte er auf mich. Ich war mitten im Live-Kommentar, und diese fetzige Pantomime-Einheit hatte wohl zu bedeuten: Autogramm bitte, wir sind in der 80. Minute, und ich muss dringend los. Pole Position im Parkhaus, weißte Bescheid! Ich wusste Bescheid und vollendete.

Es fehlten die Geschichten von Begegnungen wie am Ostersonntag 2019 in Freiburg. Borussia Dortmund war zu Gast. Dazu muss man wissen, dass man auf der Freiburger Haupttribüne sehr dicht und sehr eng sitzt. Der Kommentatorenplatz ist mitten in den Zuschauerrängen. Man lernt sich automatisch etwas besser kennen. So ist es durchaus nicht ungewöhnlich, dass einem bei Zeitlupen nach Toren schon mal sanft auf die Schulter getippt wird und man dann dazu aufgefordert wird, etwas zur Seite zu gehen, damit die auf den Reihen hinter dem Kommentatorenplatz auch einen Blick auf die Monitore werfen können. Bei strittigen Szenen wie Elfmetern ist das sogar Standard, und aus der Reihe vor unseren Plätzen dreht sich mindestens einer um und ruft: »Und? War's einer?« Ein Nicken oder Kopfschütteln entspannt die Situation sofort. Keine Reaktion dagegen zieht augenblicklich hartnäckige Nachfragen nach sich. Ein Phänomen, was es durchaus in vielen Stadien gibt. An diesem 21. April 2019 in Freiburg lief die 50. Minute, als ich aus dem Augenwinkel ein Pärchen beobachtete, das offenbar nach der Halbzeit zurück zu seinem Platz wollte. Ich war als Kommentator des Spiels zu diesem Zeitpunkt voll zugange, fokussiert auf das Spielgeschehen. Aber selbst bei vollem Fokus war es unmöglich, dieses Pärchen nicht zu bemerken. Beide hatten sehr deutlich mit dem Gleichgewicht zu tun, als sie sich die Treppe auf der Tribüne hochkämpften. Da hatte es sich das junge Glück am Ostersonntag mal richtig gut gehen lassen. Das ausgedehnte geistige Osterfrühstück hatte sich offenbar nahtlos in den Osterfrühschoppen verwandelt, und auch der geriet dann außergewöhnlich lang und intensiv, um unmittelbar in die promillehaltige Fußballvorbereitung überzugehen. Das Ende der Fastenzeit 2019 bei den beiden hatte es in sich. Zudem war es ein heißer Ostersonntag im Breisgau. Ich sah aus dem Augenwinkel, wie sie die Treppen hochkamen. Es war klar, sie würden unmittelbar an meinem Platz vorbeikommen, so sie nicht vorher den Kampf gegen die Gesetze der Gravitation verlieren würden. Und gerade unter Alkohol hat die Schwerkraft doch zuweilen besondere Tücken. Das Paar hatte sich für die zweite Hälfte mit vier frischen Bieren eingedeckt. Sie stützte seinen Ellbogen und damit auch sich selbst. Er balancierte die vier Kelche. In einer Hand. Jeweils mit einem Finger von innen fixiert. Im Gesamtkontext von Situation und Konstitution – die einzig sinnvolle

Entscheidung. Ich sah, dass er mich sah, was seinen Gang etwas fester werden ließ, weil er eine gewisse Zielstrebigkeit bekam. Der BVB führte durch ein Tor von Jadon Sancho mit 1:0 und drückte aufs zweite. Das Pärchen kam näher. Ich konnte erkennen, dass die zwei tuschelten und immer wieder in meine Richtung grinsten. Was würde passieren? Stellen sie mir ein Bierchen auf den Tisch? So etwas kommt immer mal wieder vor. Nach einem »Prost« oder »Wohl bekomm's« oder Ähnlichem ziehen die Menschen dann wieder von dannen und fragen nach dem Spiel noch mal nach, wie es geschmeckt habe. Das Bier unangetastet unter dem Tisch geparkt, antworte ich dann: »Vielen Dank noch mal. Tut gut, so ein Kolben während des Spiels.« Darauf er: »Siehste wohl, wusst' ich's doch!«

Ohne den beiden zu nahe treten zu wollen: Sie sahen bei allem Respekt nicht so aus, als wollten sie einen ausgeben. Dafür obsiegte bei beiden an diesem Ostersonntag der Egoismus. Mittlerweile hatten beide unfallfrei die Höhe meines Kommentatorenplatzes erreicht, ich kommentierte das Fußballspiel, und was dann passierte, erfuhren zumindest auszugsweise auch die TV-Zuschauer.

»Hey, Wolff Fuss, du Legende, was machschn du in Freiburg?« Ich versuchte ihm nonverbal klarzumachen, dass jetzt nicht der Zeitpunkt für ein Schwätzchen sei, da ich gerade hier arbeitete. »Geil, Legende, du hier, i hör di au immer bei FIFA.« Ich versuchte ihm ohne Worte zu signalisieren, dass auch ich mich sehr freue, ihn und seine Freundin heute endlich kennenzulernen, aber dass jetzt wirklich nicht der Zeitpunkt sei, um auf gemeinsame Zeiten anzustoßen. Also erzählte er seiner Frau, wie nah wir zwei uns stünden und was wir schon für gemeinsame Schlachten auf der Konsole geschlagen hätten – auch bei Fußball-Live-Übertragungen. Sie schien durchaus nicht unbeeindruckt. Also er zu ihr: »Kansch amol kurz a Selfie von mir und vom Wolff Fuss mache?« Sie schien einverstanden. Und zu mir gewandt: »Hey, Legende, komm, mir mache mol a Selfie!« Ich ging kurz die Möglichkeiten durch, die sich mir boten. Ein Ordner beobachtete das Ganze aufmerksam. Ich hätte verweigern können, weil ich in dem Moment einfach zu tun hatte. Ich hätte ihn auf nach dem Spiel vertrösten können, wie ich es normalerweise mache. Das funktioniert so gut wie immer. Und ich hätte komplett ablehnen können. Letzteres hätte den Mann wohl komplett vor den Kopf gestoßen. Das wollte ich unbedingt vermeiden. Fall zwei hätte ihn vielleicht auch verdattert, weil sie möglicherweise noch deutlich vor Spielende auf einem Grillfest irgendwo im Breisgau eingeladen waren. Also nicke ich ihm zu und sage: »Dann los.« Ich drehe mich in seine Richtung, er drückt mich kumpelhaft an seine Brust, und sie drückt ab! Ein Spitzenbild. Ganz sicher. Wahrscheinlich. Ich habe es bis heute nicht erfahren. Kurze Zeit nach unserer Begegnung erzielte Marco Reus das 0:2. Am Ende siegte der BVB mit 4:0. Nach Ende unserer Übertragung hielt ich verzweifelt Ausschau nach den beiden. Sie waren verschwunden. Von mir unbemerkt, hatten sie wohl das Stadion verlassen. Ich war fast ein bisschen enttäuscht. Die beiden hatten vermutlich das Grillfest irgendwo im Breisgau einer standesgemäßen Verabschiedung vorgezogen. Ich hoffte allerdings, dass mich das entstandene Foto über einen der einschlägigen Social-Media-Kanäle erreichen würde. In diesem Fall leider nicht. »Bild« widmete diesem Zwischenfall sogar eine Geschichte. Aber auch daraufhin meldete sich das Pärchen nicht. Schade.

Im Stadion gab es seit dem Corona-Restart nur das Spiel. Ab dem 31. Spieltag wurde die Anzahl der Journalisten im Stadion erhöht. 26 statt 13 waren ab diesem Spieltag erlaubt. Die Maskenpflicht für Spieler auf der Ersatzbank wurde genauso aufgehoben wie für Delegationsmitglieder auf der Tribüne, sobald der

Abstand von anderthalb Metern zur nächsten Person eingchalten werden konnte. Das ging immer, es war ja sonst keiner da. Die Journaille und sämtliche TV-Mitarbeiter waren davon noch nicht betroffen. Sie hatten eisern ihre Maske zu tragen. Ich war während des Kommentars aufgrund meines Plexiglashäuschens maskenbefreit. Die neue Freiheit von Mund und Nase auf den Tribünen hatte den Vorteil, dass man zum Teil wieder Reaktionen aus dem Plenum von den Lippen ablesen konnte. Es hatte den Nachteil, dass ulkige Maskenmodelle fortan der Vergangenheit angehörten. Es sah schon ziemlich lässig aus, als beispielsweise hochdekorierte Fußballfunktionäre in feinstem Zwirn plötzlich mit einer Art umgedrehter Pommesschale auf der Tribüne saßen. Auch das Modell »Donald Duck« wurde überraschend gerne getragen. Mönchengladbachs Sportchef Max Eberl, der üblicherweise auf der Bank sitzt, hatte sich im Spiel gegen Freiburg derart über eine Schiedsrichterentscheidung echauffiert, dass ihm schließlich nur noch Fetzen um Mund und Nase hingen. Zur Strafe musste er das Spiel seiner Fohlen in München von der Tribüne aus verfolgen. Ohne Maske.

Mönchengladbach hatte am 30. Spieltag in Freiburg fast schon traditionell alle Punkte abgeliefert. Spielte allerdings insgesamt eine außergewöhnlich gute Saison. Eberl hatte mit Marco Rose zu Saisonbeginn seinen Wunschtrainer engagiert und dazu einige kluge Transfers getätigt. Die Entwicklung verlief deutlich schneller und positiver als erwartet. Gladbach war in der Hinrunde sogar achtmal Tabellenführer gewesen. Als Tabellenvierter reisten sie nach München in dem Wissen, durchaus nicht chancenlos zu sein. Zumal: Wenn es in den letzten Jahren eine Art Angstgegner für die Bayern gegeben hatte, dann waren das eben die Borussen aus Mönchengladbach. Schon das Duell in der Hinrunde hatten sie mit 2:1 gewonnen. Glücklich zwar, aber nicht so, dass sie sich für irgendetwas hätten entschuldigen müssen. Auch in der Saison 2018/19 hatten die Gladbacher mit 3:0 hier gewonnen. Vor 75 000 Zuschauern. Das 1:2 in der Hinrunde war die letzte Niederlage der Bayern in der Bundesliga. Seit dem 0:0 gegen Leipzig am 9. Februar waren neun Siege vergangen. Es sollte so etwas wie Bayerns letzte große Hürde vor der 30. Meisterschaft werden, der achten in Folge. Den Münchnern fehlten mit Lewandowski und Müller zwei tragende Säulen der Saison aufgrund einer Gelbsperre. Gladbach musste auf den rotgesperrten Alassane Pléa verzichten. Stürmer Marcus Thuram verletzte sich früh in der Partie. Es entwickelte sich ein unterhaltsames Fußballspiel, das zeigte, dass beide Teams auch in der Lage sind, Leistungsträger zu ersetzen, und dass Borussia Mönchengladbach absolut Champions-League-tauglich ist. Ein Fehler von Torhüter Yann Sommer sorgte für die Führung der Bayern. Joshua Zirkzee traf nach 26 Minuten. Ihn hatte Hansi Flick weise im Schatten von Robert Lewandowski aufgebaut. So war der Trainer in der Lage, den Toptorjäger der Bundesliga punktuell zu ersetzen. Es war bereits Zirkzees viertes Saisontor. Den größten Schritt unter Flick machte Alphonso Davies. Als Linksverteidiger eingesetzt, präsentierte er sich schnell wie ein Leichtathlet, dazu mit großem fußballerischem Talent und mit einem für einen 19-Jährigen ungewöhnlichen Arbeits- und Berufsethos. Innerhalb einer Saison konnte er seinen Marktwert nahezu verzehnfachen. Sein Trainer hatte größtes Vertrauen in ihn. Flick ließ ihn seit seiner Amtsübernahme praktisch durchspielen und gönnte ihm gegen Gladbach zunächst eine Pause. Auch weil Hansi Flick Spieler entwickeln und besser machen kann, hatte der FC Bayern während der Coronapause seinen Vertrag um weitere drei Jahre verlängert.

Der Fehler von Yann Sommer kam durchaus überraschend. Lieferte er doch beim Aufeinandertreffen in der Hinrunde die Parade der Saison, als er einen Ball im letzten Moment mit den

Fingerspitzen vor dem gänzlichen Überqueren der Torlinie bewahrte. Aber Gladbach zeigte sich unbeeindruckt von Fehler und Rückstand und kam noch vor der Pause zum Ausgleich. Das Spiel steuerte auf ein durchaus leistungsgerechtes Unentschieden zu. Doch Leon Goretzka erzielte vier Minuten vor Schluss mit all seinen alten und neuen Muskelgruppen den 2:1-Endstand. Damit war die nahezu obligate Meisterschaft der Bayern nur noch einen Sieg entfernt. Gladbach verlor Platz vier durch jetzt zwei Niederlagen in Folge an Bayer Leverkusen. Wobei es den Kampf um die Champions-League-Plätze noch längst nicht aufgegeben hatte. Aus gutem Grund.

31. SPIELTAG

TSG Hoffenheim – RB Leipzig	0:2
VfL Wolfsburg – SC Freiburg	2:2
Fortuna Düsseldorf – Borussia Dortmund	0:1
Hertha BSC – Eintracht Frankfurt	1:4
1. FC Köln – 1. FC Union Berlin	1:2
SC Paderborn 07 – SV Werder Bremen	1:5
Bayern München – Borussia Mönchengladbach	2:1
1. FSV Mainz 05 – FC Augsburg	0:1
FC Schalke 04 – Bayer 04 Leverkusen	1:1

TABELLE

	Verein	SP.	S	U	N	TORE	DIFF.	PKT.
1	FC Bayern München	31	23	4	4	92:31	61	73
2	Borussia Dortmund	31	20	6	5	82:35	47	66
3	RB Leipzig	31	17	11	3	77:32	45	62
4	Bayer 04 Leverkusen	31	17	6	8	57:41	16	57
5	Borussia Mönchengladbach	31	17	5	9	58:38	20	56
6	VfL Wolfsburg	31	12	10	9	44:38	6	46
7	TSG Hoffenheim	31	12	7	12	42:52	-10	43
8	SC Freiburg	31	11	9	11	41:43	-2	42
9	FC Schalke 04	31	9	12	10	36:48	-12	39
10	Eintracht Frankfurt	31	11	5	15	53:56	-3	38
11	Hertha BSC	31	10	8	13	44:55	-11	38
12	1. FC Köln	31	10	5	16	48:59	-11	35
13	FC Augsburg	31	9	8	14	42:57	-15	35
14	1. FC Union Berlin	31	10	5	16	37:54	-17	35
15	1. FSV Mainz 05	31	9	4	18	39:63	-24	31
16	Fortuna Düsseldorf	31	6	10	15	33:61	-28	28
17	SV Werder Bremen	31	7	7	17	35:64	-29	28
18	SC Paderborn 07	31	4	8	19	34:67	-33	20

32. Spieltag – Die geplatzte Hose

WIR WOLLTEN mal was Neues ausprobieren. Das Geisterhotel am Flughafen Düsseldorf hatte zweifellos Charme, ja, aber diesmal entschieden wir uns für ein mutmaßlich belebteres Haus in moderner und ganz sicher belebterer Innenstadtlage. Ich sollte die Partie Gladbach gegen Wolfsburg übertragen. Das 18:30-Uhr-Spiel an diesem Dienstag, den 16. Juni. Mit Marco Rose hatte ich bereits vor dem Bayern-Spiel lange und ausführlich telefoniert, genauso mit Sportvorstand Max Eberl. Bezüglich Mönchengladbach war ich vollumfänglich im Bild. Die Verantwortlichen vom Niederrhein erregten sich insbesondere über die vorherrschenden Experteneinschätzungen, dem Club fehle es an echtem Ehrgeiz und daraus resultierender maximaler Leistungsbereitschaft. Vielleicht sei der Verein in der Vorgabe der Saisonziele schlicht zu genügsam und gebe sich mit weniger zufrieden, als eigentlich möglich wäre. Durch meine Gespräche mit den Verantwortlichen wusste ich, dass dem nicht so ist. Vielmehr ist Gladbach äußerst realistisch bezüglich der eigenen wirtschaftlichen Möglichkeiten und will aus dieser Gemengelage das Optimum herausholen. Ein Platz unter den ersten Vieren in der Bundesliga käme dem Optimum sehr nahe. Für einen europäischen Wettbewerb waren sie ohnehin bereits qualifiziert. Drei Punkte gegen die Wölfe waren demzufolge nicht nur gefordert, sondern fest eingeplant. Die Wölfe ihrerseits wollten unbedingt in die Europa League. Und sie wollten am liebsten direkt in die Gruppenphase. Dafür müssten sie mindestens Platz sechs erreichen. Platz sieben würde vor die Gruppenphase kräftezehrende Qualifikationsrunden in der europäischen Fußballperipherie setzen. Und da der VfL ja auch noch aussichtsreich im aktuellen Europa-League-Achtelfinale vertreten war, wollten die Niedersachsen unnötigen Terminstress im August und September unbedingt vermeiden. Die UEFA hatte zu diesem Zeitpunkt einen unveröffentlichten inoffiziellen Rahmenterminplan aufgestellt, nach dem der VfL bereits Quali-Spiele für die kommende Europa-League-Saison hätte absolvieren müssen, während sie sich noch im aktuellen Wettbewerb befanden. Der Kenner weiß, dem Sieger der Europa League winkt ein Startplatz in der Champions League. Man stelle sich vor, die Wölfe gewännen die aktuelle Europa League, qualifizierten sich damit für die neue Champions-League-Saison, würden sich aber parallel noch für die kommende Europa League qualifizieren müssen. Am Ende hätten sie sich womöglich zwei Startplätze erspielt. Ein heilloses Durcheinander. Während sich die Anzeichen verdichteten, dass die aktuelle Champions League über ein Blitzturnier entschieden werden würde, waren die Planungen für die finale Phase der Europa League 2019/20 noch Brachland – für die neue Saison sowieso. Da waren die Gelehrten jeweils noch in der Findungsphase.

Über all dies unterhielt ich mich am Mittag des Spiels mit Wolfsburgs Sportchef Jörg Schmadtke. Mit ihm verbindet mich mehr als eine rein professionelle Beziehung. Er war nach seiner aktiven Zeit einige Jahre auch Kollege und arbeitete als Kommentator-Assistent. Später kümmerte er sich als Sportdirektor beziehungsweise Geschäftsführer Sport um Alemannia Aachen, Hannover 96 und den 1. FC Köln. Er zeichnete gemeinsam mit Trainer Peter Stöger für die erfolgreichste Saison der Kölner in den letzten 25 Jahren verantwortlich. In der Saison 2016/17 trafen wir uns vor der Partie des FC in Dortmund am 31. Spieltag am Spielfeldrand des Signal Iduna Parks. Wir unterhielten uns über die aktuelle Form des FC, und ich erzählte ihm, dass der 1. FC Köln der Club meiner Kindheit und Jugend sei. Ich erklärte ihm ferner, dass dieser Verein in den letzten Jahren vieles versucht habe, um mir diese Sympathien abzugewöhnen. Es sei allerdings nicht gelungen. Der eigene Verein bleibt es für immer. Er sendet ein Schlüsselerlebnis und sucht sich damit seinen jungen Fan aus. Dann bleibt er. Ich kommentiere in einer Saison nur sehr wenige Kölner Spiele. Nicht, weil ich die journalistische Distanz nicht wahren würde, sondern eher, weil ich die Leistungen tendenziell vielleicht sogar etwas zu kritisch sehen könnte. Ich sagte also zu Jörg Schmadtke: »Ey, du weißt schon, dass ihr in diesem Jahr die Europa League erreichen könnt.« Er nickte sein typisches Jörg-Schmadtke-Nicken. Ein Nicken, von dem man nicht genau weiß, ob er sein Gegenüber jetzt nur nicht für voll nimmt oder sogar für total übergeschnappt hält. Dabei brummt er ein typisches Jörg-Schmadtke-Brummen. Als er nach Nicken und Brummen wieder zu sich kam, sagte er: »Wenn wir es schaffen, uns für Europa zu qualifizieren, lade ich dich zu einem Auswärtsspiel ein. Mit allem, was dazugehört.« Ich war von den Socken. Damit war klar, jetzt mussten sie sich für Europa qualifizieren. In Dortmund gab es ein achtbares 0:0, schließlich ein fulminantes 4:3 gegen Bremen, ein 2:2 in Leverkusen, und mit einem 2:0 gegen Mainz am letzten Spieltag qualifizierte sich der 1. FC Köln erstmals seit 25 Jahren wieder für den Europapokal. Gegen 18:30 Uhr, also eine Stunde und circa 15 Minuten nach Abpfiff des Mainz-Spiels am 34. Spieltag, klingelte mein Telefon. Jörg Schmadtke. Er erzählte, dass er gerade mit voller Montur ins Entmüdungsbecken geflogen und gerade schon beim drölften Kölsch sei und dass ich ihm nach der

Auslosung – in drei Monaten – dann kurz Bescheid geben möge, welches Spiel es denn jetzt werden solle. Auch deshalb verbindet mich mit ihm mehr als nur ein rein berufliches Verhältnis.

Roter Stern Belgrad, Bate Borisov und der FC Arsenal. Das wurden die drei Gruppengegner. Da die Europa-League-Spiele jeweils donnerstags nach Spieltagen der Champions League stattfanden, war aus logistischer Sicht klar, dass es auf das Auswärtsspiel in London hinauslaufen würde. Mittwochs übertrug ich Borussia Dortmund bei Tottenham Hotspur live aus Wembley, und am Donnerstag konnte ich mir im Emirates Stadium die Kölner bei ihrem Europacup-Comeback anschauen. Ein Traum. Ich hatte ein Ticket für die Directors Box bekommen. Die Inhaber-Loge. Tickets dafür gibt es nicht zu kaufen. Man wird eingeladen, oder man kommt nicht rein. Hier sitzen die wichtigsten Entscheider des Arsenal Football Club und eine Delegation von Wichtigen aus der Gästemannschaft. Präsident, Vizepräsident, Finanzchef, ausgesuchte Premiumsponsoren und diesmal ich. Auch wenn einem Mitglied der königlichen Familie mal nach einem Arsenal-Spiel gelüstet, sitzt es hier. Ich wurde im Vorfeld vom Kölner Teammanager mehrfach darauf hingewiesen, dass in dieser Loge Krawattenpflicht herrscht und dass großer Wert auf Etikette gelegt wird. Ohne Krawatte wird der Einlass hier verweigert. Übermäßiges und lautstarkes Anfeuern sowie unflätiges Betragen und Pöbeln würden in diesem Bereich des Stadions als äußerst unangebracht empfunden. Wir werden sehen, dachte ich mir. Mit Anzug und perfekt gebundener Krawatte wurde ich mit dem Rest der Kölner Delegation mit Bus-Shuttles vom Mannschaftshotel ins Stadion gebracht. Mein Gepäck war da schon auf dem Weg zum Flughafen. Noch in der Nacht sollte der Rückflug nach Köln stattfinden. Diese scheinbar belanglose Information wird noch wichtig werden. Gegen 18 Uhr englischer Zeit erreichten wir das Stadion. In der Loge angekommen, hatte ich zunächst nicht das Gefühl, demnächst einem Fußballspiel beizuwohnen. Das hatte alles eher etwas von einem Dinner bei Königs. Die beiden Delegationen waren optisch relativ gut zu unterscheiden. Während es die deutsche Delegation im Krawattenbereich mit der einfachen Schleife eher im saloppen Bereich beließ, auch um im Halsbereich mehr Luft zum Atmen zu haben, hatten die Engländer alle den doppelten Windsorknoten bis zum Anschlag hochgezogen. Die Anzüge hatten Maß, und die Schuhe waren offenbar mundgeblasen. Während die einen aussahen wie aus dem Ei gepellt, wollten die anderen zum Fußball. Mit fast kindlicher Begeisterung guckten wir Deutsche auf unsere Handys und sahen in zugesandten Videos, wie circa 50 000 Kölner in London durch die Straßen zogen und den Gang zum Stadion in eine Art Prozession verwandelten. Ich hatte nicht den Eindruck, als würde sich das Adelsgeschlecht der Gunners ernsthaft für diese Filmchen interessieren. Als uns in diesem Elfenbeinturm die Nachricht erreichte, dass einige Kölner offenbar versuchten, ohne Karten ins Stadion zu kommen, und sich der Anpfiff ob des großen Andrangs vor dem Gästeblock um eine Stunde verzögern würde, atmeten die Engländer schwer. Der Plebs und seine niederen Instinkte. Man sage ihm, er möge sich zügeln, andernfalls müsste man ihn züchtigen. Schweren Herzens orderten sie Champagner nach. Die Kölsche Delegation hielt sich an Bier. »Kölsch jit et nit?!«, fragte einer lachend. Eine rhetorische Frage. »Unfortunately not!«, war die Antwort. Wobei die Directors Box extra für diesen Abend auch noch eine deutschsprachige Kellnerin engagiert hatte. Als sich das Stadion schließlich immer mehr füllte, wurde klar, der FC Arsenal würde hier heute ein Auswärtsspiel erleben. Viele Londoner Dauerkartenbesitzer hatten ihre Karten weitergereicht, weil sie eigentlich Champions League gewohnt waren und auch erwarteten. Europa League war eher zur Belustigung des niederen Volkes gedacht. Viele Kölner waren Arsenal-Mitglieder geworden, um einfacher an Eintrittskarten zu gelangen. Schließlich war es das erste Europapokalspiel seit 25 Jahren. Ein Traum wurde wahr. Auch für mich. Mein etwa 15-jähriges Ich stand im großen Emirates Stadium, aus dem mein 40plus-jähriges Ich schon so viele Spiele übertragen hatte. Allerdings nie so eines. Heute war ich Fan. Nichts als Fan. Mit großen Augen, mit Anzug und Krawatte. Mit Bier in der Hand und voller Vorfreude. Mit großer Ergriffenheit verfolgte ich den Einlauf der Mannschaften. Viele Kölner um mich herum hatten Tränen in den Augen. Ein großer Moment. Im Stadion herrschte Stimmung wie in Köln-Müngersdorf. Im Grunde fehlte nur die FC-Hymne und ein Auftritt der Höhner oder Brings. Die Etikette in der Directors Box erwartete anerkennendes Klatschen für beide Mannschaften beim Einlauf. Aber wisst ihr was, ihr englischen Schlipsträger, jetzt ist hier Fußball, jetzt geht hier die Post ab, jetzt wird gejubelt und gegrölt und angefeuert und gelitten und gefeiert. In der 9. Minute erzielte Jhon Córdoba das 1:0 für den FC. Das Stadion schien zu explodieren. Etwa 30 Leute aus der Box gerieten völlig außer Rand und Band. Ein Tor so schön wie ein Gemälde, so historisch wie der Weltfrieden. Córdoba wird Weltfußballer. Mindestens. 30 Menschen umarmten sich, sprangen über alle Sitzreihen. Auf den Kölner Ringen war jetzt schon Autokorso. Durch einen kleinen Treppenaufgang getrennt, saßen daneben die Verantwortlichen des Arsenal Football Club. Betretenes, ja abschätziges, entrüstetes Schweigen. Einzig ein älterer Herr lächelte. Er schien so eine Art Prince Philip des Vereins zu sein. Look at these crazy drunken fucking Krauts. Big fun tonight!

Mir war beim Aufspringen unmittelbar nach dem Tor von Córdoba die Hose geplatzt. Ein sehr klarer klassischer Platzer direkt an der Naht. Von unterhalb des Reißverschlusses einmal in voller Länge bis hinten hoch zur Gürtelschlaufe. Ich hatte es zunächst gar nicht bemerkt. Als ich dann allerdings nach fünfminütiger Ekstase wieder auf meinem Ledersessel saß, nahm ich eine bis dato nicht gekannte Kälte und auch eine gewisse Zugluft wahr. Das zog das untrügliche Gefühl nach sich, da ist etwas nicht in Ordnung. Damit kommt nun also die Info mit dem Gepäck noch mal auf Wiedervorlage. Neue Hose, frühestens morgen früh gegen fünf in Köln. Bis dahin bleibt es luftig. Egal, zu diesem Zeitpunkt war alles egal. Und wenn die komplette Hose explodiert wäre. Völlig irrelevant. Köln gewann die erste Hälfte mit 1:0 beim FC Arsenal. Deren Verantwortliche hatten bereits vor dem Halbzeitpfiff ihre Plätze verlassen und waren ins Innere der Loge zurückgekehrt. Für uns fühlte es sich an, als hätte Köln den Wettbewerb gewonnen. Ach, was sag ich – als hätten WIR den Wettbewerb gewonnen. Dass Arsenal dann im zweiten Durchgang seine Klasse besser ausspielte und noch 3:1 gewann: geschenkt! Es ist Ewigkeiten her, dass ich als reiner Fußballfan, ohne jede Notwendigkeit eines professionellen Blicks, ein solches Glücksgefühl wie innerhalb dieser ersten 45 Minuten erlebte. Vergleichbar allenfalls damit, als ich mit Fünf mein erstes Autogramm von Pierre Littbarski bekam. Ich durfte noch mal für 90 Minuten ein junger Fan sein. In besonderer Umgebung und unter besonderen Umständen. Aber das Gefühl war noch mal da. Meine Stimme war am Ende, meine Hose hing mittlerweile in Fetzen. Der Security-Mitarbeiter am Flughafen London-Stansted staunte nicht schlecht. Da hatte sich offenbar ein abgerissener Business Man die Nacht im Londoner Unterholz um die Ohren geschlagen. Ich hatte leicht einen sitzen. Besser geht nicht, Männer, besser geht nicht!

Jörg Schmadtke ist seit Juni 2018 Geschäftsführer beim VfL Wolfsburg. Er hatte seine aktive Karriere 1998 in Gladbach beendet und war dort im folgenden Jahr Torwarttrainer. Schau an, so etwas erfährt man im direkten Gespräch. Noch ist unklar, ob diese Information heute bei der Übertragung zur Aufführung kommt. Aber das ist vielleicht was für irgendwann mal. Schmadtke kam frisch vom Barber in seiner zweiten Heimat Düsseldorf. Das hingegen könnte tatsächlich etwas für die heutige Übertragung sein. Bei entsprechender Kameraeinstellung. Ich könnte, sollte das Spiel gewisse Längen bekommen, den entsprechenden Kameramann während der Übertragung bitten, möglichst nah ranzuzoomen. So dass am Ende gar eine fast dermatologisch wertvolle Aufnahme entstehen würde. Diese ließe mich und den Fernsehzuschauer überprüfen, wie exakt der Düsseldorfer Barber gearbeitet hatte. Um es vorwegzunehmen, dazu kam es nicht. Das Spiel war zu ereignisreich, wenngleich einseitig. Ich beließ es bei der bloßen Barber-Info. Ein Zwischenschnitt zeigte Schmadtke einsam zwischen mittlerweile weit über 20 000 Pappkameraden auf der Tribüne im Borussia-Park. Da sitzt er also, maximal bedient, aber immerhin mit frisch gestutztem Bart. So war die Reise wenigstens nicht komplett für die Katz'. Das 0:3 in Gladbach setzte ihm schwer zu. Die Gladbacher konnten nach zwei Niederlagen in Folge das Ruder herumreißen. Für die Wölfe war es ein Rückschlag im Kampf um die direkte Qualifikation für Europa.

Später an diesem Abend wurde der FC Bayern in Bremen zum 30. Mal Deutscher Meister. Zum achten Mal in Folge. In der Hinrunde deutete noch nichts auf eine letztlich souveräne Meisterschaft hin. Gladbach, Leipzig und Dortmund schienen ernsthaft mitmischen zu können im Kampf um den Titel. Letztlich gewöhnte Hansi Flick den Bayern Anfang Dezember erst das Verlieren ab, Anfang Februar auch die Unentschieden. Unbeirrbar zogen die Münchner durch. Gegen diesen Lauf war kein Kraut gewachsen. Kein Dortmunder, kein Leipziger und auch kein Gladbacher Kraut. Diese Form der Normalität hat sich die Liga auch in Corona-Zeiten also erhalten. Die Monokultur an der Tabellenspitze geht weiter. Beeindruckend und etwas langweilig gleichermaßen. Aber unter den aktuell gegebenen Umständen und der gegenwärtigen Marktsituation auf absehbare Zeit nur schwer zu ändern. In den anderen großen europäischen Ligen ist das etwas anders. In Spanien, wo die Liga am Wochenende zuvor den Betrieb wieder aufnahm, tobte ein erbitterter Zweikampf zwischen Real Madrid und dem FC Barcelona um den Titel. In der Serie A, wo am Wochenende zuvor der Pokalwettbewerb wieder startete und die Liga am kommenden Wochenende folgen sollte, könnte Juventus Turin zumindest in absehbarer Zeit ernsthafte Konkurrenz im Meisterschaftsrennen bekommen. Mit Inter, mit Neapel, mit Bergamo, mit dem AC Mailand oder auch den beiden römischen Clubs. Vorläufig allerdings ist Juve das Maß aller Dinge in Italien. England startete am Tag nach dem Gladbach-Spiel seine Saison neu. Zunächst mit einem Schwung an Nachholspielen. Die Premier League übernahm weite Teile des Hygienekonzeptes der DFL und fügte zudem eine Trinkpause je Spielhälfte ein. Liverpool konnte also die letzten Schritte zur ersten Meisterschaft seit 1990 gehen. Dort wird es in den nächsten Jahren ein ganz heißes Rennen um die Meisterschaft geben. Mit Manchester City und dem FC Liverpool. Aber auch mit Teams wie Manchester United oder dem FC Chelsea oder Tottenham Hotspur. Sie alle werden bezüglich des nationalen Titels gewichtige Worte mitsprechen. Und möglicherweise auch der FC Arsenal wieder. Die Gunners sind im Sommer 2020 noch immer dabei, die Post-Wenger-Ära zu verarbeiten. Arsène Wenger war über 22 Jahre der Cheftrainer beim Londoner Club gewesen. Er hatte diesen Verein in den Hochadel des europäischen Fußballs geführt. Er hatte Arsenal an die Königsklasse gewöhnt. Er hatte dafür gesorgt, dass die Clubelite bei Europa-League-Spielen wie 2017 gegen den 1. FC Köln eher etwas pikiert die Nase rümpfte. In dieser Phase der Saison 2019/20 jetzt kämpfte der Club unter Mikel Arteta darum, überhaupt wieder an diesem Wettbewerb teilnehmen zu dürfen. Dies war, zumindest über ihren Tabellenrang in der Liga, mittlerweile nahezu ein Ding der Unmöglichkeit. Durch den FA-Cup-Sieg sollten sie allerdings einige Wochen später ihr Ticket für Europa noch lösen.

32. SPIELTAG

Borussia Mönchengladbach – VfL Wolfsburg	3:0
SV Werder Bremen – FC Bayern München	0:1
SC Freiburg – Hertha BSC	2:1
1. FC Union Berlin – SC Paderborn 07	1:0
Eintracht Frankfurt – FC Schalke 04	2:1
Borussia Dortmund – 1. FSV Mainz 05	0:2
RB Leipzig – Fortuna Düsseldorf	2:2
Bayer 04 Leverkusen – 1. FC Köln	3:1
FC Augsburg – TSG Hoffenheim	1:3

TABELLE

	Verein	SP.	S	U	N	TORE	DIFF.	PKT.
1	Bayern München	32	24	4	4	93:31	62	76
2	Borussia Dortmund	32	20	6	6	82:37	45	66
3	RB Leipzig	32	17	12	3	79:34	45	63
4	Bayer 04 Leverkusen	32	18	6	8	60:42	18	60
5	Borussia Mönchengladbach	32	18	5	9	61:38	23	59
6	VfL Wolfsburg	32	12	10	10	44:41	3	46
7	TSG Hoffenheim	32	13	7	12	45:53	-8	46
8	SC Freiburg	32	12	9	11	43:44	-1	45
9	Eintracht Frankfurt	32	12	5	15	55:57	-2	41
10	FC Schalke 04	32	9	12	11	37:50	-13	39
11	Hertha BSC	32	10	8	14	45:57	-12	38
12	1. FC Union Berlin	32	11	5	16	38:54	-16	38
13	1. FC Köln	32	10	5	17	49:62	-13	35
14	FC Augsburg	32	9	8	15	43:60	-17	35
15	1. FSV Mainz 05	32	10	4	18	41:63	-22	34
16	Fortuna Düsseldorf	32	6	11	15	35:63	-28	29
17	SV Werder Bremen	32	7	7	18	35:65	-30	28
18	SC Paderborn 07	32	4	8	20	34:68	-34	20

33. Spieltag – Besondere Nächte in Anfield

DER VORLETZTE Spieltag. Die Frage nach der Meisterschaft war also geklärt. Die Bayern hatten nach eigenen Angaben eine virologisch unbedenkliche Titel-Sause in einem Hotel in Bremen erfolgreich hinter sich gebracht. Leicht verkatert nach dem Spiel auf dem Sonderflughafen Oberpfaffenhofen angekommen, wurden die Busse bei der Abfahrt dort von der Feuerwehr mit Wasserfontänen verabschiedet. Die drängendsten Fragen, die der Fußballinteressierte noch an die Liga hatte, waren: Wer holt sich Platz vier – Mönchengladbach oder Leverkusen? Wer darf als Sechster direkt in die Europa-League-Gruppenphase – Wolfsburg oder Hoffenheim? Verliert der FC Schalke erneut? Und wer muss mit dem SC Paderborn den Gang in Liga zwei antreten? Die Antworten der Reihe nach: Gladbach gewann 3:1 in Paderborn, und weil Leverkusen überraschend bei Hertha BSC verlor, schoben sich die Borussen wieder auf Platz vier. Wolfsburg gewann satt mit 4:1 auf Schalke, wodurch die dritte Frage bereits beantwortet war. Weil zeitgleich aber auch Hoffenheim gegen das bereits gerettete Union mit 4:0 gewann, war die Entscheidung um Rang sechs auf den letzten Spieltag vertagt. Was verblieb, war der Abstiegskampf. Ohnehin in den letzten Jahren so etwas wie die neue Meisterschaft. Werder Bremen lieferte in Mainz eine nicht für möglich gehaltene Leistung ab und verlor mit 1:3. Nicht für möglich gehalten deshalb, weil Werder sich grundsätzlich ja im Aufwind befand. Trotz und auch wegen der 0:1-Niederlage gegen die Bayern. Damit war Mainz sicher gerettet, und der letzte Strohhalm für Bremen war die Relegation, weil Fortuna Düsseldorf nicht über ein 1:1 gegen Augsburg hinauskam. Auch der FCA und der 1. FC Köln waren sicher gerettet. Bremen ging mit zwei Punkten Rückstand auf die Fortunen in den letzten Spieltag. Ich habe selten einen derart einsamen Trainer gesehen wie Florian Kohfeldt nach dem Spiel in Mainz. Ich würde keiner Mannschaft je unterstellen, dass sie gegen ihren Trainer spielt, und doch wirkte Kohfeldt in den 90 Minuten in Mainz wie verlassen. Es würde einen hohen Sieg am letzten Spieltag gegen Köln brauchen und dazu mindestens ein Unentschieden von Union gegen Düsseldorf. Mit einem Wort: Ein Fußballwunder würde vonnöten sein.

Dass so etwas immer wieder passiert, habe ich zuletzt in der Saison 2018/19 erfahren. Im Stadion an der Anfield Road in Liverpool. Champions-League-Halbfinalrückspiel, die Reds gegen den FC Barcelona. Wobei K.o.-Spiele in Anfield zuletzt unter keinem guten Stern gestanden hatten. Also für mich persönlich. Beim Viertelfinalhinspiel 2018 empfing die Mannschaft von Jürgen Klopp Manchester City. Damals die ultimative Übermannschaft in England. Es war klar, Liverpool würde über sich hinauswachsen müssen, um diesen Gegner zu bezwingen. Es war ferner unstrittig: Liverpool kann über sich hinauswachsen. Anpfiff war um 19:45 Ortszeit. Anfield war elektrisiert, wie immer an solchen Abenden. Es wäre untertrieben, zu behaupten, dieses Stadion sei der 12. Mann. Wenn es sein muss, ist dieses Stadion die Männer 12 bis 20. Unsere Studiosendung endete gegen 19:35. Danach folgte eine kurze Werbung, und ich sollte dann um 19:40 mit meiner Übertragung beginnen. Rechtzeitig, wenn dieses Stadion die Kehlen erhebt und ein selbstbewusstes, stolzes »You'll never walk alone« schmettert. Wir waren pünktlich zu den ersten Takten dieser Hymne aller Fußballfans, diesem kleinsten gemeinsamen Nenner im Weltfußball, zurück aus der Werbung. Ich entschied kurzfristig, die Begrüßung zu verschieben und dieses Lied vom ersten bis zum letzten Tropfen auch auf den Fernsehzuschauer wirken zu lassen. Begrüßen könnte ich danach immer noch. Es war wieder einmal ein ergreifender, faszinierender Moment. Ein besonderes Klangerlebnis. Dann hieß ich die Zuschauer ganz herzlich willkommen zu diesem rein englischen Viertelfinale. Ich erzählte von der Ausgangssituation, von Pep Guardiola, von Jürgen Klopp, und sowieso und überhaupt. Das Spiel begann, Liverpool legte ein irres Tempo vor, gerade so, als wollten sie Manchester City bereits in den ersten Minuten aus dem Stadion schießen. Warum auch immer, hatte ich mein Telefon vor dem Start der Übertragung nicht ausgeschaltet. Es brummte fast unaufhörlich in meiner Hose. Michael Morhardt schaltet während der Übertragung sein Telefon nie aus, um im Bedarfsfall schnell mit Schiedsrichtern oder Experten Rücksprache halten zu können. Auch bei ihm schlugen unentwegt Nachrichten auf. Nach drei Minuten Spielzeit legte er mir einen Zettel vor, auf dem stand: »Ich glaube, man kann dich nicht hören.« Normalerweise kann er mich über eine Kommunikationsleitung auch direkt ansprechen, ohne dass der Zuschauer davon etwas mitbekommt. Diese Leitung wurde uns allerdings schon kurz vor Übertragungsbeginn als defekt gemeldet. Kein Problem, wir nutzen diese ohnehin nur im Ausnahmefall, da sich nicht selten der Klang der Stadionatmosphäre für den Fernsehzuschauer etwas verändert, wenn ich die entsprechende Taste drücke. Er hört nicht, was gesprochen wird, er hört aber sehr wohl, dass sich da in der Leitung irgendetwas tut. Ich selbst empfinde das zu Hause auf der Couch als etwas störend, deshalb versuchen wir darauf eher zu verzichten. Wir arbeiten seit über 15 Jahren zusammen. Da funktioniert die Kommunikation auch sehr gut über Augenkontakt oder in schriftlicher Form. Nach fünf Spielminuten etwa kam ein sehr aufgeregter Tontechniker zu unserem Platz gesprintet. Er zog das Kabel, das mein Headset mit meiner Kommentatoreneinheit verbindet, völlig unvermittelt heraus. Und schaltete die Einheit aus. Dieser technische Kasten beinhaltet Lautstärkeregler und Kommandotasten und ist schließlich hauptverantwortlich dafür, dass das gesprochene Wort gemeinsam mit dem Bild am heimischen TV-Gerät ankommt.

Also spätestens jetzt konnte mich keiner mehr hören. »Geht's dir gut?«, fragte ich ihn. »Ja, scheiße, es geht nix raus.« »Gerade erst oder komplett?« »Komplett. Hat sich aufgehängt. Ich fahr' die Kiste einmal runter und wieder hoch, dann sollte es gehen«, antwortete er. Ha, das kannte ich schon. Stecker raus und wieder rein. Hervorragende Idee. Mache ich zu Hause bei meinem Receiver auch hin und wieder. Ein todsicheres Ding, gleich geht's weiter. Nach ein paar Minuten lief es auch wieder. Obwohl – was heißt wieder? Es lief zum ersten Mal an diesem Abend. Der Techniker entfernte sich. Für mich gilt in diesem Falle: Hose runter, Internet! Der Zuschauer hat die Wahrheit verdient, immer! »… hatten offenbar ein technisches Problem … wahrscheinlich klemmt irgendeine Muffe … ich denke und bin guter Hoffnung, dass es nun behoben ist.« Kurze Zeit später erzielte Mo Salah das 1:0 für den FC Liverpool. In Anfield geht der Punk ab, im Kommentar geht der Punk ab. »Wahnsinn, was die hier abziehen …« Es vergingen weitere fünf Minuten. Es brummte wieder massiv in meiner Hose, bei Michael blinkte das Telefon dauerhaft. Der Tontechniker kehrte zurück. Wieder Vollsprint, wieder völlig außer Atem. Wieder Stecker vom Headset raus, wieder die Box vom Strom genommen. »Alter, was geht?« Er entschuldigte sich, er könne nichts dafür. Es gebe ein massives Leitungsproblem im kompletten Stadion. Die Engländer seien schon auf der Havarieleitung. Die Schweizer seien komplett down zwischendurch, die Skandinavier senden auch nur abgehackt. Es klang alles eher nach einem Gespräch mit der Not-Hotline eines Telekommunikationsdienstleisters. Aber ich sollte und wollte ja eigentlich ein Fußballspiel übertragen. Minuten vergingen. Noch einmal das gleiche Prozedere: »Sorry, liebe Zuschauer, es gibt offenbar technische Probleme hier im kompletten Stadion. Da scheint ein Lkw auf einer Leitung zu stehen.« Zum Scherzen war mir eigentlich nicht mehr wirklich zumute. Eigentlich. Aber Bild und Stadionatmosphäre funktionierten ja. Das jedenfalls hatte mir mein Tontechniker auch erzählt. Diesmal ging er nicht weg. Sondern blieb mit seinem Funkgerät direkt neben mir stehen. »Mal kucken, wie lange es diesmal hält«, kommentierte ich, um Contenance bemüht. 21. Minute: Alex Oxlade-Chamberlain trifft zum 2:0. Traumtor. Wahnsinn. Irre. Völlig verrückt. Liverpool außer Rand und Band. Ich kam nur bis »verrückt«. Danach war offenbar wieder Stille. Denn ich bemerkte meinen Tontechniker neben mir sehr aufgeregt in sein Funkgerät sprechen. Dann sah er mich an und schüttelte mitleidvoll den Kopf. Es war tatsächlich schon wieder Schluss. Wie ernst die Situation diesmal war, umriss ich, als plötzlich ein zweiter Techniker mit einer neuen Kommentatoreneinheit kam. Wobei »neu« in diesem Zusammenhang relativ ist. Im Vergleich zu jener, die noch vor mir stand, hatte der neue Apparat schon ein paar Jahrzehnte auf dem Buckel und, wer weiß, in seinem Betriebsleben vielleicht schon einen wesentlichen Beitrag zum Knacken von Enigma geleistet. »Das haben uns die englischen Kollegen ausgeliehen.« Ein spannendes Teil, wohl gerade frisch aus dem Museum gekommen. Das würde jetzt auch etwas länger dauern, sagte mir der Techniker. Dort unten tobte das größte Spiel dieser Champions-League-Saison, und auf der Kommentatorentribüne ist technischer Dilettantenstadl. Lego trifft fischertechnik trifft aussortiertes Kriegsgerät. Aber das habe ich mir in diesem Moment nur gedacht. Knapp zehn Minuten waren vergangen, als mir der Techniker seinen erhobenen Daumen zeigte. »Da sind wir wieder … wir versuchen es noch mal … bin gespannt, wie lange es diesmal gut geht …« Eine Spur Sarkasmus, mit toxischer Prise. Manchmal braucht es das, auch für einen Kommentator. Einfach für die innere Ausgeglichenheit. Und dann: »Salaaaaahh, Manééééé … 3:0, 31. Minute!« Ein Tor schöner als das andere. »Manchester City wird hier nach allen Regeln der Kunst zerlegt …« Mittlerweile standen beide Aufnahmeleiter auch noch bei uns am Platz. Auch das bedeutet selten etwas Gutes. Nein, ganz und gar nicht. Das Kommentarsignal war erneut abgerissen. Bei dem antiken Teil, das vor mir stand, hielt sich meine Überraschung darüber in Grenzen. Überraschend war eher, dass es überhaupt die drei, vier Minuten durchgehalten hatte. Bei unseren technischen Kollegen waren Hektik und blanker Aktionismus einer gewissen Ratlosigkeit gewichen. Sie hatten alles gegeben, wir hatten alles gegeben. Was nun? Das Spiel lief weiter, ich beobachtete auch engagiert reges Treiben von Technikern bei einigen anderen Kommentatorenteams auf der Tribüne. Ich überflog den Schwung von fast 100 Textnachrichten auf meinem Handy: Von »Wo bist du?« bis »Was machst du?« war alles dabei. Zwischendurch ein bestärkendes »Jetzt geht's wieder«, jäh unterbrochen von vielen »Jetzt biste wieder weg«. Wir beschlossen, es nicht auch noch ein viertes Mal zu versuchen. Der Anfield-Wahnsinn tobte bis zur Pause ohne uns, und, ganz ehrlich, wahrscheinlich war ein Kommentator noch nie so verzichtbar wie in diesen ersten 45 Minuten. Die Aufnahmeleiter hatten noch eine letzte Patrone. Wir sollten den Platz wechseln. Es gab noch einen unbesetzten, voll ausgestatteten Kommentatorenplatz. Ein internationales TV-Team war, warum auch immer, nicht erschienen. In der Pause zogen wir um. Es sollte vorab, wie sich das gehört, einen technischen Check mit der Sendezentrale in Unterföhring geben. Ich wurde skeptisch, als ich auf meinem Kopfhörer lediglich Scratching-Geräusche abwechselnd mit wahrscheinlich arabischem Gebrüll hörte. Einen Kontakt zur Zentrale nach Deutschland gab es nie. Die redaktionelle Sendeleitung in München war derweil auch nicht untätig geblieben und holte den Kommentatorenkollegen Roland Evers von der heimischen Couch ins Studio. Er kommentierte die zweite Hälfte. Technisch unfallfrei, allerdings auch ohne Tore. Der Boulevard in Deutschland titelte: »Fuss zur Pause ausgewechselt.« Ich twitterte noch in der Nacht: »Liege immer noch unterm Lkw und schraube an der Muffe. Geht's jetzt? Ein in jeder Hinsicht denkwürdiger Abend in Anfield. Ausnahmsweise ausschließlich auf diesem Wege: Gute Nacht, und bleiben sie sportlich!« Die zweite Halbzeit lief bereits, als ich durch die verwaisten Zuschauergänge an meinen ursprünglichen Platz zurückkehrte. Zwei Polizisten sprachen mich an: »Good evening, Sir. Are you okay?« »Yes, thank you«, antwortete ich. Also, soweit ich das beurteilen konnte. Gesundheitlich auf jeden Fall, technisch gab es gewisse Mängel. Ich muss etwas abgekämpft ausgesehen haben. Aber meine Aussage beruhigte die Bobbys. Mit einer Tüte Chips in der Hand und mit den Füßen auf dem Tisch verfolgte ich den Rest des Spiels. Nicht der Abend, wie ich ihn mir vorgestellt hatte, aber eben besonders und, hoffentlich, einzigartig.

Die Technik im Stadion hatte also im darauffolgenden Jahr etwas gutzumachen. Schon beim 0:0 im Achtelfinalhinspiel gegen Bayern München lief alles reibungslos, und ich war bester Dinge, dass sich daran auch im Halbfinale gegen Barcelona nichts ändern würde. Ich wurde nicht enttäuscht. Das Spiel schaffte, was eigentlich unmöglich schien: die Partie gegen Manchester City noch mal zu toppen. Ich hatte Tage vor dem Spiel lange mit Jürgen Klopp telefoniert, der das 0:3 aus dem Hinspiel grundsätzlich so einordnete, dass seine Mannschaft eigentlich ein tolles Spiel gemacht habe, einzig das Ergebnis störe. Aber es sei ja immer noch Fußball, was so viel bedeutet wie: Alles ist möglich. Im Kabinengang des Stadions an der Anfield Road sind einige Zitate an der Wand verewigt. Unter anderem eines von Klopp selbst: »This is a place for big football moments.« Wenngleich, für dieses Spiel musste es wahrscheinlich »the biggest moment« werden. Barcelona war im Jahr zuvor bereits nach einem 4:1-Sieg im Hinspiel gegen den AS Rom durch ein 0:3 im Rückspiel im Halbfinale der Königsklasse gescheitert. Sie waren maximal gewarnt. Vor dem Gegner und vor sich selbst. Für Liverpool kam ein weiteres Handicap dazu. Mit Salah und Roberto Firmino fehlten zwei Drittel des Liverpooler Topsturms, einzig Sadio Mané war mit dabei. Barcelona spielte in absoluter Bestbesetzung.

»Es ist ein besonderer Abend, und es soll ein großer Abend werden. Ich wünsche Ihnen einen guten. Champions League, Halbfinalrückspiel: Der FC Liverpool empfängt den FC Barcelona … man hört, es vibriert, und es war interessant zu sehen, insbesondere hier in der Stadt, wie sich die Wahrnehmung bezüglich des 0:3 aus dem Hinspiel gewandelt hat. Unmittelbar nach Abpfiff vergangenen Mittwoch war im Grunde klar: Finale, Madrid, in diesem Jahr ziemlich unmöglich. Aber mit jedem Tag Abstand begann Zuversicht zu wachsen. Also wenn das noch zwei Tage länger gedauert hätte, wäre hier gar mancher davon ausgegangen, man hätte 5:0 im Camp Nou gewonnen. Der Einzige, der die Lage vergleichsweise realistisch eingeschätzt hat, war Jürgen Klopp. Sein Argument lautet: Es ist immer noch Fußball. Alles ist möglich. Und jetzt wächst die Überzeugung: Wenn eine Mannschaft dieses Spiel noch drehen kann, dann der FC Liverpool. Wenn ein Trainer diese Überzeugung vermitteln kann, dann Jürgen Klopp. Und wenn ein Stadion für dieses Wunder in Frage kommt, dann dieses. This is Anfield.« So begann ich meine Übertragung von diesem Spiel. Beide Mannschaften betraten den Rasen und wurden von einem Stimmungsorkan nahezu erschlagen. Und die Zuschauer wurden nicht enttäuscht. Nach sieben Minuten erzielte Divock Origi das 1:0. »Ist Origi der Miracle Man?«, fragte ich laut. Er ersetzte den verletzten Firmino und hatte im Jahr davor noch in der Relegation mit dem VfL Wolfsburg gegen Holstein Kiel gespielt. Erfolgreich. Zur Pause resümierte ich: »Ein Drittel Wunder ist geschafft. Zwei Drittel fehlen.« Unglücklicherweise musste auch noch Linksverteidiger Andrew Robertson verletzt ausgewechselt werden. Für ihn kam Gini Wijnaldum ins Spiel. Der FC Barcelona war mindestens ebenbürtig, scheiterte allerdings jeweils an Torhüter Alisson Becker. Als im Champions-League-Finale 2018 Torwart Loris Karius zweimal folgenschwer patzte, wusste Klopp, dass er auf dieser Position etwas ändern musste. In jenem Jahr fehlten Kleinigkeiten zum Titel. Diese Kleinigkeit war die größte, und mit dem Brasilianer hatte Klopp bestmöglich gehandelt. In der 54. Minute erzielte Wijnaldum das 2:0. »Zwei Drittel Wunder!«, brüllte es aus mir. 122 Sekunden später: »3:0 Anfield steht Kopf ... 122 Sekunden. Der doppelte Wijnaldum! Shaqiri, und dann steht ein 1,75 großer Holländer in der Luft, dort oben war er noch nie und hängt ihn in den Knick ... Kurs Verlängerung!« Jürgen Klopp draußen an der Seitenlinie blieb für seine Verhältnisse ruhig. Im Zentrum des Tornados ist es fast windstill. »Ein Spiel, dem Hinspiel zumindest nicht unähnlich, nur dass Liverpool diesmal die Tore erzielt und Barcelona die Chancen vergibt.« Das Wunder nahm Gestalt an. »The Power of Anfield ... und auf dem Platz: elf Mal klasse, teilweise Weltklasse, 11 Eimer Testosteron und der Kloppfaktor ... und insbesondere der letzte Faktor ist für den Gegner ganz schwer einzuschätzen und vorzubereiten und im Spiel ganz schwer zu bearbeiten. Siehe heute.« Jürgen Klopp hatte noch mehr Verbesserungspotenzial im Vergleich zur Vorsaison erkannt, so sagte er es mir bei unserem Gespräch vor dem Spiel. Bei Einwürfen und Eckbällen. Er hatte dafür unter anderem einen Einwurftrainer engagiert. Um das Bewusstsein und die Genauigkeit auch in solchen Situationen zu schärfen. Weg vom vergleichsweise belanglosen Ball, hin zum exakten, bewussten, vielleicht sogar überraschenden Zuspiel. Es folgte die 79. Minute. Es sollte Eckball geben für den FC Liverpool. Das ist, so kurz vor dem Ende, noch dazu vor einer sich andeutenden Verlängerung, normalerweise ein Moment, in dem das Spiel kurz innehält, verschnauft, sich sammelt. Dies bedeutet auch für einen Kommentator einen kurzen Augenblick der Ruhe, des Sortierens. Wo auch die Augen kurz abschweifen. Kündigt sich am Spielfeldrand noch ein Wechsel an? Gibt es besondere Reaktionen aus irgendeinem Fanlager? Warum auch immer blieb ich in diesem Moment mit den Augen bei der Ausführung der Ecke. Ein großes Glück. Trent Alexander-Arnold holte sich den Ball. »Er macht ein Riesenspiel, der 20-Jährige«, sagte ich. Während ich das sage, tritt der Youngster die Ecke in den Sechzehnmeterraum. Alle sind überrascht. Bis auf Divock Origi. Der den Ball mit einer Direktabnahme am verdutzten Marc-André ter Stegen, dem Barça-Torhüter, vorbei ins Tor hämmerte. »Barcelona schläft komplett ... das folgt einem klaren Plan, was die hier machen ... dann erkennt er die Chance, Origi ist frei, die Ecke ist freigegeben, das ist ein regulärer Treffer ... das darfst du keinem erzählen, dass der FC Barcelona so ein Gegentor kassiert, in einem Champions-League-Halbfinale ... Trent Alexander-Arnold hat mit seiner Ecke Barças Hintermannschaft der Lächerlichkeit preisgegeben. So viel Schlafmützigkeit hätte man diesem hochbesternten Ensemble nicht zugetraut ... Wir werden hier im Moment Zeuge eines der größten Comebacks der Champions-League-Geschichte. Also mit Hin- und Rückspiel. Das Copyright auf das größte Comeback in einem Spiel haben sie ja. 2005 in Istanbul. Drei Tore innerhalb von sechs Minuten gegen den AC Mailand ...«. Der Treffer ging als »That Corner« in die Geschichte dieses Wettbewerbs ein. »Nach Rom im vergangenen Jahr das zweite Waterloo für den FC Barcelona.« Bei der Einblendung von Messi entfuhr es mir: »Und was heißt eigentlich: Ich glaub', mein Schwein pfeift, auf Katalanisch?« Ein Hoch auf Social Media. Die Übersetzung wurde mir in der Folge hundertfach zugestellt: Crec que els meus xiulets xiulen. Der auf der Tribüne eingeblendete Mo Salah trug ein T-Shirt mit der Aufschrift: »Never give up«. »Diese fast 95 Minuten heute sind ein Musterbeispiel dafür, was Wille kann. Alles!« Dann der Schlusspfiff. »Aus«, sage ich. Mehr nicht. Alles andere, jedes weitere Wort empfand ich als unangebracht. Nach 30 Sekunden fragt mich eine aufgeregte Stimme aus der Regie: »Bist du noch da?« Nach den Erfahrungen des Vorjahres eine nicht unberechtigte Frage. Also antworte ich, ohne dass es der TV-Zuschauer mitbekam: »Ja, aber ich schweige.« »Na, dann is ja gut.« Ein frühes 1:0 in der ersten und ein früher Doppelschlag in der zweiten Hälfte waren verantwortlich, dass Liverpool über's Wasser gehen konnte. Dazu der Geniestreich dieser besonderen Ecke, und schon war das Wunder perfekt.

Jürgen Klopp bekam das dritte Champions-League-Finale seiner Karriere. Und diesmal ging es gut aus. Liverpool gewann ein vergleichsweise ereignisarmes, durchaus typisches Finale mit 2:0 gegen Tottenham Hotspur. Die Reds holten sich den Pott mit den großen Ohren zum sechsten Mal. Für Jürgen Klopp war es nach sechs verlorenen Finals in Folge der größte Erfolg seiner Trainerkarriere. Nach den Niederlagen mit Dortmund 2013 gegen Bayern und 2018 gegen Real Madrid war er nun ganz oben angekommen. Damit war er nur noch eine englische Meisterschaft von der Heiligsprechung in Liverpool entfernt. Die Grundlage für all das war das Wunder von Anfield gegen den FC Barcelona.

33. SPIELTAG

FC Bayern München – SC Freiburg	3:1
RB Leipzig – Borussia Dortmund	0:2
TSG Hoffenheim – 1. FC Union Berlin	4:0
Fortuna Düsseldorf – FC Augsburg	1:1
Hertha BSC – Bayer 04 Leverkusen	2:0
1. FSV Mainz 05 – SV Werder Bremen	3:1
FC Schalke 04 – VfL Wolfsburg	1:4
1. FC Köln – Eintracht Frankfurt	1:1
SC Paderborn 07 – Borussia Mönchengladbach	1:3

TABELLE

	Verein	SP.	S	U	N	TORE	DIFF.	PKT.
1	FC Bayern München	33	25	4	4	96:32	64	79
2	Borussia Dortmund	33	21	6	6	84:37	47	69
3	RB Leipzig	33	17	12	4	79:36	43	63
4	Borussia Mönchengladbach	33	19	5	9	64:39	25	62
5	Bayer 04 Leverkusen	33	18	6	9	60:44	16	60
6	VfL Wolfsburg	33	13	10	10	48:42	6	49
7	TSG Hoffenheim	33	14	7	12	49:53	-4	49
8	SC Freiburg	33	12	9	12	44:47	-3	45
9	Eintracht Frankfurt	33	12	6	15	56:58	-2	42
10	Hertha BSC	33	11	8	14	47:57	-10	41
11	FC Schalke 04	33	9	12	12	38:54	-16	39
12	1. FC Union Berlin	33	11	5	17	38:58	-20	38
13	1. FSV Mainz 05	33	11	4	18	44:64	-20	37
14	1. FC Köln	33	10	6	17	50:63	-13	36
15	FC Augsburg	33	9	9	15	44:61	-17	36
16	Fortuna Düsseldorf	33	6	12	15	36:64	-28	30
17	SV Werder Bremen	33	7	7	19	36:68	-32	28
18	SC Paderborn 07	33	4	8	21	35:71	-36	20

Der letzte Spieltag – Vollendete Tatsachen

DER LETZTE Spieltag. Die Saison würde zu einem ordnungsgemäßen Ende gebracht werden. Die neue Normalität war mittlerweile von weiten Teilen der Gesellschaft verinnerlicht, die wirtschaftlichen Folgen allerdings noch längst nicht absehbar. Die Bundesliga hatte geschafft, was zunächst mit viel Skepsis begleitet wurde. Sie hat mit großem Aufwand ein sehr striktes Konzept erstellt und umgesetzt. Um den Spielbetrieb wieder aufnehmen zu können, um das Überleben einiger Clubs zu gewährleisten. Neun Spieltage lang wurde das konsequent durchgezogen. Das diente als Vorbild für viele internationale Ligen und auch für viele andere Sportarten. Es bleibt trotzdem die Erkenntnis, dass der Sport in besonderem Maße von den Zuschauern lebt, von Atmosphäre, von Stimmung. Dass Menschen in Stadien unabdingbar zu einem Fußballspiel dazugehören. Das Spiel bleibt das Spiel, aber der Charakter und die Atmosphäre leiden. Deshalb wurden schon weit vor diesem 34. Spieltag der Saison 2019/20 erste Szenarien geprüft, wie eine Rückkehr von Zuschauern in die Fußballstadien aussehen könnte.

Letzte Spieltage leben immer von einer besonderen Magie. Der Tatsache, dass an diesem letzten Spieltag unumstößliche Fakten geschaffen werden, wohnt ein Zauber inne. Ein Mal noch, ein letztes Mal noch, 90 Minuten. Ich war zum zweiten Mal an einem 34. Spieltag in Bremen. Das erste Mal war im Mai 2016.

Bremen gegen Frankfurt. Werder ging als 16. in den Spieltag, Frankfurt als 15. Mit einem Punkt Vorsprung. Um die Klasse direkt zu halten, brauchten die Gastgeber alle drei Punkte. Es war ein Spiel in einer Phase von Werder, die als »Green-White Wonderwall« in die Bundesligageschichte eingehen sollte. Eine ganze Stadt kämpfte gegen den Abstieg. Schon Stunden vor dem Anpfiff säumten Zehntausende Menschen die Straßen zum Stadion. Um 12 Uhr gab es für mich als Kommentator des Spiels kaum mehr ein Durchkommen zu den Presseparkplätzen am Stadion. Als gegen 14 Uhr die Mannschaftbusse das Stadion erreichten, sollen sich weit über 100 000 Menschen im unmittelbaren Stadionumfeld befunden haben. Ein Verein wurde fast erdrückt von so viel Liebe. Die Frankfurter waren teils eingeschüchtert, mindestens aber mal beeindruckt. Die Polizei hatte größte Mühe, die Busse einigermaßen unversehrt an den Stadioneingang zu geleiten. Busankünfte sind Teil eines festen Ablaufs rund um die Übertragung von Fußballspielen. In Deutschland, aber auch in Europa. Die Ankunft der Mannschaftsbusse von Werder Bremen und Eintracht Frankfurt am 14. Mai 2016 gehört mit zum Spektakulärsten und Beeindruckendsten, was mir in all den Jahren meiner Arbeit untergekommen ist. Das Spiel stand dann scheinbar auch lange Zeit unter dem Eindruck dieser Einfahrt. Als Papy Djilobodji in der 88. Minute allerdings das erlösende Siegtor für die Bremer erzielte, entlud sich ein Vulkan. Eine ganze Stadt hatte die Klasse gehalten. Eintracht Frankfurt musste in die Relegation. Florian Kohfeldt war damals Co-Trainer von Viktor Skripnik gewesen. Vier Jahre später war er Chef auf der Bremer Brücke. Und das gelobte Land hieß nicht direkter Klassenerhalt, sondern Relegation. Ein einfacher Sieg gegen den 1. FC Köln würde diesmal nicht reichen. Es bräuchte zeitgleich auch mindestens einen Punktverlust von Fortuna Düsseldorf bei Union Berlin, und selbst dann müsste Werder noch ein Vier-

Tore-Defizit gegenüber Fortuna Düsseldorf aufholen. Und statt 100 000 Menschen rund um das Stadion war diesmal keiner da. Mal abgesehen von ein paar sportlich Aktiven, die den Osterdeich für eine lässige Joggingrunde nutzten, sowie ein paar Familien auf Ausflug mit den Fahrrädern. Es war bizarr. Einer der wichtigsten Tage in Bremens Vereinsgeschichte stand an, und die Stadt schien in aller Stille schicksalsergeben. Weil nichts anderes erlaubt war. Ich hätte zum Einlauf der Mannschaften bedeutungsschwanger »This is Osterdeich« in den Bremer Nachmittag brüllen können. Allein, es wäre unpassend gewesen. Weil ich auf meinem Weg ins Stadion, bis auf ein paar Jogger und Radfahrer und Vereins- und Hygienemitarbeiter, niemanden getroffen hatte. Dadurch wurde auch nicht wirklich der Eindruck vermittelt, dass hier gleich etwas ganz Großes passieren würde. Ein großer Showregisseur sagte mal zu mir, die größten Showmomente entstünden dort, wo es nicht viel braucht. Ein Scheinwerfer, ein Mikrofon, eine Kamera und jemand, der sein Handwerk beherrscht. Keine 100 000 im Plenum, kein Chichi. Ich war gewissermaßen vorgewarnt. Nur dass es für den Bremer Relegationsplatz auch noch konkurrenzfähige Unioner in der Hauptstadt brauchen würde. Die versprachen von Ferne, nüchtern antreten zu wollen. Eine gute Nachricht, da Nüchternheit im Hochleistungssport durchaus nicht schadet. Trotzdem war das im vorliegenden Fall keine Selbstverständlichkeit. Die Eisernen hatten erst Tage zuvor den Klassenerhalt geschafft. Einige Fans kamen vor Freude zum Stadion und einige Spieler nicht umhin, sich diesen stärker zu nähern, als es die Hygienevorschriften der DFL verlangten. Dafür setzte es eine Geldstrafe vom Verband. Aber Union ist auch deshalb eine besondere Farbe für diese Sportart, weil sich jeder Fan und auch jeder Konkurrent in jeder Phase der Saison auf diese Mannschaft verlassen kann. Ob erleichtert durch den Klassenerhalt Tage zuvor oder beschwingt durch die Feierlichkeiten in den Tagen danach, jedenfalls besiegte Union ein sehr beschwertes Fortuna Düsseldorf glatt mit 3:0. Zeitgleich regierte in Bremen der »Werder-Wahnsinn«. Nicht mehr für möglich gehalten nach dem schwachen Auftritt in Mainz eine Woche zuvor. Ein Ensemble, ein Dirigent an der Seitenlinie, eine zur Trommel umfunktionierte Metallkiste und ein Transparent der Mitarbeiter im Stadion, auf dem stand: »Wir glauben dran.« Dazu die vier charakteristischen Flutlichtmasten des Weserstadions. Es braucht nicht viel Drumherum für Bremer Magie. Nach dem 6:1 gegen Köln waren dann auch nicht Zehntausende auf dem Rasen, um sich ihr Erinnerungsstück vom Glück zu sichern. Nein, der zwanzig Mann starke Kader, nebst Betreuerteam, Vorstand und zugelassenen Vereinsmitarbeitern, war einfach nur erleichtert. Keine ausufernde Freude, kein ausgelassener Jubel. Pure Erleichterung. Der größte anzunehmende Unfall war fürs Erste abgewendet worden. Den Rasen brauchte es noch für das nun anstehende Relegationsspiel. Trainer Florian Kohfeldt verließ, überwältigt von der Situation, angefasst vom Ergebnis und vollkommen erledigt vom Druck und vom Ereignis, mit Abpfiff sofort den Innenraum des Stadions. Er würde später in die Mikrofone erzählen, seine Frau habe dieses 6:1 am Morgen des Spieltages so vorausgesagt. Vor dem Stadion hatten sich mittlerweile einige Hundert Fans versammelt, um dem Werder-Glück zumindest nahe zu sein.

In Wolfsburg wurde dem FC Bayern fast zeitgleich die Meisterschale überlassen. Diese stand poliert und desinfiziert auf einem Sockel. Ausdrücklich »überlassen« und nicht übergeben. Kapitän Manuel Neuer musste sich das gute Stück selbst vom Ständer holen. Schalenübergabe per Hand durch DFL-Verantwortliche, das ist aus einer anderen Normalität. Die Bayern hatten zuvor 4:0 in Wolfsburg gewonnen. Robert Lewandowski erzielte dabei sein 34. Saisontor. So viele Treffer hatte seit Dieter Müller 1976/77 kein Spieler mehr erreicht. Die 40-Tore-Marke von Gerd Müller aus der Saison 1971/72 hat allerdings als Allzeitrekord weiterhin Bestand. Die Bayern beendeten die Ligasaison mit einem Torverhältnis von 100:32. Mit diesem Sieg schickten sie den VfL Wolfsburg auf Platz sieben und zur Europa-League-Qualifikation aufs Land, sollten sich die Wölfe nicht über die aktuelle Europa-League-Saison gar für die Champions League qualifizieren. Dies schaffte Borussia Mönchengladbach am 34. Spieltag durch ein 2:1 gegen Hertha. Leverkusen landete auf Platz fünf, Hoffenheim endete durch ein 4:0 in Dortmund auf Platz sechs.

Eine Woche später beim DFB-Pokalfinale wurden die grundsätzlichen Hygieneregularien der neuen Corona-Situation ein Stück weit angepasst. Knapp 700 Menschen durften sich diesmal zeitgleich im Berliner Olympiastadion aufhalten – darunter 200 Medienvertreter. Die siegreichen Bayern durften sich per Virusfaust von DFB-Präsident Fritz Keller beglückwünschen lassen und die Medaillen schließlich eigenhändig der Schatulle entnehmen. Nach einer kurzen Ansprache des Präsidenten, ohne Maske, folgte eine betont flüchtige Pokalübergabe per Hand mit Maske. Der FC Bayern gewann, wie schon 2019, das Double.

Der SV Werder, der diese finale Phase der Liga dramaturgisch entscheidend mitgeprägt hatte, überstand schließlich auch die Relegation gegen Heidenheim erfolgreich. Der Zweitligist versuchte mit Bratpfannen und Kuhglocke akustisch dagegenzuhalten. Zwischenzeitlich saßen gar Familienangehörige der Mannschaft von Frank Schmidt auf der Tribüne. Aber nach einem 0:0 in Bremen reichte Werder ein 2:2 auf der Ostalb. Damit ist ein Nordderby für die kommende Saison ausgeschlossen. Der HSV hatte nämlich zuvor den Aufstieg in die Erste Liga verpasst. Im Netz kursierte der Kalauer: Hätte der HSV damals auf John

Lennon geschossen, wäre er 79 – inzwischen sogar: 80 – Jahre alt. Der HSV geht damit in sein drittes Zweitligajahr. Arminia Bielefeld und der VfB Stuttgart stiegen auf.

Es ist schwer zu beurteilen, ob und, wenn ja, inwieweit die Corona-Pandemie, die Pause oder der Neustart ernsthafte Auswirkungen auf den sportlichen Ausgang der Bundesligasaison hatten. Alle Endergebnisse waren zumindest im weitesten Sinne im Rahmen des Erwartbaren. Die einzige Ausnahme bildete Dynamo Dresden. Aufgrund einiger positiver Testungen kurz vor dem Neustart der beiden höchsten deutschen Spielkassen wurde dort die gesamte Lizenzspielerabteilung unter eine vierzehntägige häusliche Quarantäne gestellt. Dadurch konnte der Restart für den Tabellenletzten erst am 31. Mai erfolgen. Bis zum 28. Juni sollte der Club neun Spiele absolvieren. Für einen Zweitligisten ein praktisch nicht zu bewerkstelligendes Programm. Der Antrag der Dresdner auf Verlegung einiger Spiele in den Juli hinein wurde abgelehnt. Genauso wie im Nachhinein der zur Aufstockung der Liga von 18 auf 20 Mannschaften. Dynamo Dresden stieg nicht nur, aber auch wegen Corona ab.

34. SPIELTAG

Borussia Dortmund – TSG Hoffenheim 0:4

Bayer Leverkusen – 1. FSV Mainz 05 1:0

Borussia Mönchengladbach – Hertha BSC 2:1

VfL Wolfsburg – FC Bayern München 0:4

Eintracht Frankfurt – SC Paderborn 07 3:2

SV Werder Bremen – 1. FC Köln 6:1

SC Freiburg – FC Schalke 04 4:0

FC Augsburg – RB Leipzig 1:2

1. FC Union Berlin – Fortuna Düsseldorf 3:0

TABELLE

	Verein	SP.	S	U	N	TORE	DIFF.	PKT.
1	FC Bayern München	34	26	4	4	100:32	68	82
2	Borussia Dortmund	34	21	6	7	84:41	43	69
3	RB Leipzig	34	18	12	4	81:37	44	66
4	Borussia Mönchengladbach	34	20	5	9	66:40	26	65
5	Bayer 04 Leverkusen	34	19	6	9	61:44	17	63
6	TSG Hoffenheim	34	15	7	12	53:53	0	52
7	VfL Wolfsburg	34	13	10	11	48:46	2	49
8	SC Freiburg	34	13	9	12	48:47	1	48
9	Eintracht Frankfurt	34	13	6	15	59:60	-1	45
10	Hertha BSC	34	11	8	15	48:59	-11	41
11	1. FC Union Berlin	34	12	5	17	41:58	-17	41
12	FC Schalke 04	34	9	12	13	38:58	-20	39
13	1. FSV Mainz 05	34	11	4	19	44:65	-21	37
14	1. FC Köln	34	10	6	18	51:69	-18	36
15	FC Augsburg	34	9	9	16	45:63	-18	36
16	SV Werder Bremen	34	8	7	19	42:69	-27	31
17	Fortuna Düsseldorf	34	6	12	16	36:67	-31	30
18	SC Paderborn 07	34	4	8	22	37:74	-37	20

Europa-Maske – Das Triple

ERST MAL Urlaub. Nach acht Wochen Nichstun und sechs Wochen Intensivbelastung sind vier Wochen Urlaub absolut angebracht. Mein schönstes Ferienerlebnis: Ein höchst engagierter Vater bestritt mit seinem geschätzt fünfjährigen Sohn ein Fußballkleinfeldduell gegen zwei Siebenjährige. Der Vater war Torwart, Libero, beinharter Innenverteidiger, Mittelfeld-Regisseur, Links- und Rechtsaußen und zweiter Stürmer. Sein Sohn war Veredler. Manchmal. Im besten Fall. Im anderen Fall übernahm auch das der Papa. Nach fünf Minuten, als der Vater einem der Siebenjährigen mit einer beherzten Grätsche an der Mittellinie den Ball abnahm und sein Sohn die Kugel zum 78:0 über die Torlinie lief, hatte ich genug gesehen. Noch heute sitzen die beiden wahrscheinlich in bunten Stunden bei einer Capri-Sonne zusammen und hauen sich vor Lachen auf die Schenkel, wie sie es diesen zwei Möchtegern-Ronaldos besorgt haben. Denen haben Big Daddy und seine angehende Nummer zehn mal gezeigt, wo der Frosch die Locken hat. Und geheult haben die zwei Pimpfe hinterher wie die Babys. Mein zweitschönstes Ferienerlebnis: Ich habe zum ersten Mal nach 25 Jahren wieder Stockbrot gebacken. Dazu ergeht folgender Hinweis für alle Abenteurer und Robinson Crusoes: Für gutes Stockbrot braucht es zunächst einen gut angespitzten Stock. Und in der Folge bedarf es Geduld. Den gut gekneteten und zu einer langen Wurst gerollten

Teig von der Spitze des Stocks langsam und vorsichtig über den vorderen Teil des Stocks spiralförmig abrollen. Und dann niemals, und ich wiederhole: niemals, über die offene Flamme halten, sondern ausschließlich über die heiße Glut. Gerade diesen Fehler habe ich sehr häufig gesehen, und das endete meist in einem Meer von Tränen. Nun, der Sommerurlaub 2020 war etwas anders als die üblichen Sommerurlaube. Statt Sonne, Strand und Meer und fremde Länder – diesmal Natur, Berge, und ja, wie gehört auch Abenteuer, im In- und Umland. Survival, Adventure, Selbsterfahrung – das ganze Programm. Gerade da holt man sich auch das emotionale Rüstzeug für die Königsklasse. In den Jahren zuvor konnte ich die Sommerpause auch immer mal wieder für einen Ausflug in ein anderes Genre nutzen. 2016 beispielsweise moderierte ich mit der fantastischen Andrea Kiewel zusammen die Bundesliga-Maskottchen-Olympiade im Rahmen des ZDF-Fernsehgartens. Die drolligen Kerle maßen sich unter anderem im Hindernislauf, im Rollerfahren oder im Auf-einem-Bein-Stehen. Schon als ich das Angebot auf dem Tisch hatte, war klar, das mache ich auf jeden Fall. Weltmeister Thomas Berthold war als Schiedsrichter dabei. Sonntags um 9 Uhr Jürgen Drews beim Soundcheck »Ein Bett im Kornfeld« singen zu hören war einmalig. Zu diesem Zeitpunkt war der Mainzer Lerchenberg, wo die Liveshow um 11:15 Uhr beginnen sollte, mit knapp 6000 Menschen schon fast voll besetzt. Drews wurde gefeiert, als hätte er dieses Lied heute zum ersten Mal gesungen. Um zehn Uhr saß ich neben Heino in der Maske. Während wir beide da so Seite an Seite saßen und kameratauglich geschminkt wurden, überlegte ich mir, wie ich ihn am schlausten in ein Gespräch verwickeln könnte. Ich hatte gerade eben beeindruckt seinen Toncheck zu »Blau blüht der Enzian« aufmerksam verfolgt. Ich war gedanklich auf der Spur in Richtung: »Also wenn ich meiner Oma davon erzähle, wie wir zwei hier so sitzen, da ist sie bestimmt unfassbar stolz«. Allerdings noch unschlüssig, ob das nicht vielleicht zu anbiedernd oder zu trivial ist. Da sagte er auf einmal zu mir: »Ja Mensch, die Hannelore ist heute gar nicht dabei ...« »Ach, is sie gar nicht?!«, fragte ich. Ich tat nicht sonderlich überrascht. Dieses beiläufig Vertraute gefiel mir ausgesprochen gut. »Was ist denn da los?« Jetzt nicht den Faden verlieren. »Na, sie ist doch gerade erst an der Hüfte operiert worden, da war ihr nicht so wohl, und da ist sie im Hotel geblieben.« »Ah, stimmt ja, na dann grüßen Sie sie bitte. Gute Besserung!« Er war schon am Aufstehen, als er sich noch mal umdrehte: »Das ist sehr nett von Ihnen. Das mache ich sehr gerne. Danke schön.« Heino! Da ging er hinaus und steckte der Visagistin sogar noch ein Trinkgeld zu. So etwas hatte ich noch nie zuvor gesehen. Ein Mann von Welt. Ein Star ohne Allüren, mit Manieren, und braucht nur drei Minuten in der Maske für ein leichtes Puder. Unmittelbar vor dem Start der Sendung unterhielt ich mich noch mit Bernhard Brink. Über Fußball. Während unseres Gesprächs hielt er plötzlich ganz unvermittelt eine vorbeieilende Aufnahmeleiterin an: »Sagen Sie mal, 'tschuldigung, spielt ihr hier heute mein langes Medley oder mein kurzes ... ach, weißte was, is egal, ich hör's ja dann.« Ein unbezahlbares Erlebnis. Die Maskottchenolympiade gewann übrigens Brian the Lion – von Bayer Leverkusen. Selbstverständlich kann Leverkusen Titel gewinnen.

Damals ging es mit viel Frohsinn in das neue Fußballjahr. Der August 2020 war noch dabei, das alte Fußballjahr zu beenden. Und die Pause war für einen kurzen Genrewechsel für mich einfach zu kurz. Juventus Turin war Corona-Meister in Italien geworden. Zum neunten Mal in Folge. Real Madrid sicherte sich den Titel in Spanien. Sie mussten für die Heimspiele ins Estadio Alfredo di Stéfano auf dem Trainingsgelände in Valdebebas vor den Toren Madrids ausweichen. Das Santiago Bernabéu in der Innenstadt wurde gerade umgebaut. Der FC Liverpool wurde nach 30 Jahren erstmals wieder englischer Meister. Jürgen Klopp stieg in den Rang des Vereinsheiligen auf. Er versprach unter Tränen die größte Parade und die größte Party in der Geschichte der Stadt – wenn es wieder erlaubt sein würde. Einige Tausend wollten nichtsdestotrotz die Feierlichkeiten am Stadion schon auf den Tag der feststehenden Meisterschaft sowie den Tag der Pokalübergabe vorziehen. Liverpool ging anschließend in die wohlverdiente Sommerpause. Die übrigen europäischen Topclubs hatten im August noch terminliche Verpflichtungen in der Champions League. Die Reds hatten sich ja bereits kurz vor der Coronapause, noch bei voller Kulisse, gegen Atlético Madrid aus der Königsklasse verabschiedet.

Lissabon im August ist eine der faszinierendsten Städte der Welt. Die Temperaturen sind sommerlich, aber durch stetigen Wind vom Atlantik nie unangenehm. So eignet sich die portugiesische Hauptstadt in dieser Jahreszeit hervorragend für einen Städtetrip. Durch die Nähe zum Wasser hält die Stadt auch Möglichkeiten für schöne Stunden am Strand bereit. Normalerweise ist die Metropole am Tejo zu dieser Zeit komplett überlaufen. Lissabon war auch deshalb von der UEFA als Ort für dieses Champions-League-Finalturnier ausgesucht worden, weil es über zwei große Stadien verfügt, die den Bestimmungen des europäischen Fußballverbandes entsprechen. Sämtliche coronaspezifischen Maßnahmen konnten problemlos durchgeführt werden, und es waren ausreichende Hotelkapazitäten vorhanden. Wir bezogen ein Hotel, das infrastrukturell günstig gelegen war. Zwischen Altstadt und den Spielstätten. Von den acht Stockwerken waren nur vier geöffnet. Die Stadt hatte die erste landesweite Lockdown-Phase im Mai erfolgreich überstanden, so glaubte man. Schnell wurde klar, dass dem nicht so war. Schon im Juni mussten sich zwei Außenbezirke Lissabons einem erneuten Lockdown unterziehen, Lockerungsmaßnahmen wurden zum Teil wieder zurückgenommen. Bars und Clubs mussten wieder schließen, Restaurants durften nur bis 24 Uhr geöffnet haben, Alkohol wurde am Abend nur in Verbindung mit Speisen ausgeschenkt. Im Hotel galt überall Maskenpflicht. Nur am Tisch sitzend oder am Pool auf der Dachterasse durften diese abgenommen werden. Auf jedem geöffneten Stockwerk gab es mehrere Desinfektionsmittelspender. Schon bei der ersten Inspektion der unmittelbaren Hotelumgebung nach unserer Ankunft wurde man gewahr: Das mit der Desinfektion nahm jedes Geschäft und jedes Restaurant sehr ernst. Es wurde penibel auf Einhaltung der Abstandsregularien geachtet. Nur vereinzelt trafen wir auf echte Touristen. Unser Fahrer stöhnte, so menschenleer habe er diese Stadt noch nie erlebt. Man hatte trotzdem nicht das Gefühl, dass das öffentliche Leben stillstünde. Nein, eher versuchte ein jeder die Situation anzunehmen, so gut es eben ging, und das Beste daraus zu machen. Dass ein Champions-League-Finale vor der Tür stand, war überhaupt nur einem großen aufgeblasenen Pokal auf der Praça Dom Pedro IV zu entnehmen. Wo sich üblicherweise Zehntausende Anhänger auf den Plätzen und Fanmeilen einer Champions-League-Finalstadt tummeln, stand hier ein riesiger Pokal auf einem Platz, und das war's. An Fanmeilen war nicht zu denken. Keine Fans, keine Schlachtenbummler, keine Gesänge, nichts. Man muss sich das noch einmal auf der Zunge zergehen lassen: Aufgrund einer Virus-Pandemie entschließt sich die UEFA zum faszinierendsten Turnier, das der europäische Vereinsfußball jemals gesehen hat. Ein K.o.-Turnier der besten acht Mannschaften des Kontinents. Jeweils nur ein Spiel, alles ist möglich. Und aufgrund derselben Virus-Pandemie ist es nicht erlaubt, dass auch nur ein Unbefugter das Stadion betritt. Dementsprechend macht es überhaupt keinen Sinn, dass auch nur ein Unbefugter die Stadt betritt. Also für Sightseeing möglicherweise, aber nicht, um Teil einer

Fußballgemeinschaft zu sein. Und selbst die, die normalerweise ausschließlich für Strand und Sightseeing kommen würden, blieben in großer Zahl fern. Aus Angst vor der Unkontrollierbarkeit des Virus. Völlig absurd und surreal. Ich für meinen Teil freute mich trotzdem auf dieses Turnier. Auf den absoluten Ein-Spiel-K.o.-Modus. Auf die besonderen Umstände, vielleicht auch auf die historische Tragweite, auf die Einmaligkeit. Ich sehe grundsätzlich immer eher Chance als Risiko. Vor allem aber hatte ich meinem Beruf nachzugehen.

Die Bundesliga war mit zwei Vereinen in Lissabon vertreten. RB Leipzig hatte sich bereits im März gegen Tottenham Hotspur durchgesetzt, die Bayern zogen, nach einem 3:0 beim FC Chelsea im Februar, durch ein 4:1 im Rückspiel am 8. August 2020 ihr Ticket für Lissabon. Bereits einen Tag später bezogen sie an der Algarve ein Kurztrainingslager. Ich flog mit Michael Morhardt am 13. August nach Lissabon. Mit an Bord waren unter anderen der Vorstandsvorsitzende der Bayern Karl-Heinz Rummenigge sowie der Präsident Herbert Hainer. Beide bester Stimmung und voller Vorfreude. Tags darauf stand das Viertelfinale gegen den FC Barcelona auf dem Plan. Es sollte *das* Spiel bei diesem Turnier werden. Der Wahnsinn im Zeitraffer:

1:0	4. Minute	Thomas Müller
1:1	7. Minute	David Alaba (Eigentor)
2:1	22. Minute	Ivan Perišić
3:1	28. Minute	Serge Gnabry
4:1	31. Minute	Thomas Müller
4:2	57. Minute	Luis Suárez
5:2	63. Minute	Joshua Kimmich
6:2	82. Minute	Robert Lewandowski
7:2	85. Minute	Philippe Coutinho
8:2	89. Minute	Philippe Coutinho

Nie zuvor war ein K.o.-Spiel in der Königsklasse so deutlich ausgegangen. Ein Spiel, das in seinem Wesen sehr stark an das WM-Halbfinale 2014 Brasilien gegen Deutschland erinnerte. Das 7:1. Ja, Barcelona hatte seit dem Restart keine optimale Performance hingelegt. Ja, die Bayern waren sehr gut in Form. Aber nichts, absolut nichts deutete im Vorfeld auf ein Ergebnis solch epischen Ausmaßes hin.

Hinter uns saß das französische Kommentatorenduo, das so laut brüllte, dass die Zwei auch auf Sky immer mal wieder für kurze Passagen zu hören waren. Nach dem Spiel erzählte mir ein Kollege, dass ich es wohl auch mit meiner Stimme ins französische Fernsehen geschafft hatte. In einem leeren Stadion mit überschaubarer Geräuschkulisse kann das natürlich vorkommen. Vor Jahren kam es im voll besetzten Santiago Bernabéu mal zu einer Situation, dass sich Kollegen mehrerer Fernsehstationen über einen höchst engagierten und sehr lauten arabischen Kollegen offiziell beschwerten. In der Pause wurde schließlich ein Aufnahmeleiter entsandt, der den Kollegen zumindest ein Stück weit zur emotionalen Ordnung rufen sollte. Dieser allerdings konterte die Beschwerde lautstark mit den Worten: »Sorry, but that's my style. Thank you!« Er setzte seine Reportage auch in der zweiten Hälfte mit unveränderter Passion fort.

Ich hatte mich in meinem Kommentar bei Bayern gegen Barcelona zu der Aussage hinreißen lassen: »Nur zum Verständnis: Das ist hier nicht Barfuß Bethlehem, das ist der FC Barcelona.« Eine spontane Aussage, die versuchte, das Gesehene und Geschehene und Unfassbare in Worte zu fassen. Natürlich zugespitzt, natürlich pointiert. That's my style! Und schließlich ist es nur Fußball. Es schoss mir durch den Kopf und war schließlich auf dem Sender. So wie immer. Wie bei jedem Bundesligaspiel und bei jedem Pokalspiel auf dem Land. Das Ereignis macht den

Kommentar und nicht umgekehrt. Auf Spiele kann man sich vorbereiten, niemals aber auf Ereignisse oder Verläufe im Spiel oder gar auf bestimmte Ergebnisse. Auch dass die Erfinder des Tiki-Taka »heute nicht mal wie ihre eigene Hongkong-Rolex spielten«, entstand auf diese Art und Weise. Als Alphonso Davies zu seinem Jahrhundertsolo ansetzte, »Vidal an ihm zerschellte«, er Semedo erst austanzte und kurze Zeit später bereits »eine gute Autostunde entfernt war«, entsprach das dem Takt dieses Spiels. Joshua Kimmich würde hinterher in die Mikrofone sagen, dass er sich fast schämte, dieses Tor erzielt zu haben, weil es eigentlich dem jungen Kanadier gehörte. Ich bekomme nach Fußballspielen jede Menge Reaktionen von Zuschauerinnen und Zuschauern. Diese sind in großer Mehrheit positiv. Das freut mich sehr und ist auch im Zeitalter von Social Media durchaus ungewöhnlich. Noch nie allerdings habe ich auf ein Fußballspiel derart viele vor allem positive Reaktionen und Feedbacks erhalten wie auf dieses Champions-League-Viertelfinale. Da der Tag danach für mich ein freier war, hatte ich die Möglichkeit, relativ viel davon zu lesen. Internationale Fernsehstationen spielten das Tor von Kimmich mit der Vorarbeit von Davies mit deutschem Kommentar. Ich war gespannt, inwieweit die ihren Fernsehzuschauern den Treffer übersetzten. »One dance and then an one-hour-drive by car away ...«, so ähnlich vielleicht. Sie übersetzten gar nicht, sie ließen einzig die Emotionen sprechen. Auch in der deutschen Medienlandschaft fand der Kommentar großen Widerhall mit dem Tenor, da sei der richtige Mann für dieses Spiel am Werk gewesen. Solches Lob freut mich unheimlich, ist aber, wie bereits an anderer Stelle erwähnt, nicht mein Antrieb. Hunderte Nachrichten erreichten mich, wie sehr man dieses Spiel und den Kommentar vielerorts genossen habe. Wunderschön! Auch weil Fernsehzuschauer eigentlich dazu neigen, immer erst dann zu schreiben, wenn ihnen etwas nicht gefällt. Und natürlich gab es auch Leute, denen es nicht gefallen hat. Das bringt dieses Geschäft mit sich, und das ist auch gut so. Enttäuschte Barça-Fans, die in der maximalen Demütigung ihres Clubs auch eine persönliche Demütigung sahen und dem Ausdruck verleihen wollten. Auch Nachrichten mit religiösem Hintergrund erreichten mich: Die hier herangezogene Geburtsstadt von Jesus Christus stelle eine blasphemische Verunglimpfung dar. So wurde mir eine generelle Ablehnung des Christentums unterstellt. Auch derartige Nachrichten sind erwartbar. Wenn im Zusammenhang eines Fußballspiels mal »der Hund in der Pfanne verrückt wird«, schreiben die Tierschützer, wenn die Bayern an anderer Stelle nach einem 1:0 gegen Maccabi Haifa besser »die Synagoge im Dorf lassen sollten«, schreiben die Religionswissenschaftler und unterstellen Antisemitismus. Wenn eine Mannschaft nach »der rechten Backe auch noch die linke Backe hinhält«, freuen sich alle Neutestamentler und bedanken sich, dass das Matthäus-Evangelium Einzug in eine Fußballreportage gehalten hat. Allen Ungläubigen sei gesagt, hier ist vom Evangelisten Matthäus die Rede und nicht von Lothar. Um es hier vielleicht einmal ganz deutlich zu sagen: Ich bin ein Freund der Religionen, und zwar aller. Einen Menschen wegen seines Glaubens zu verunglimpfen ist mir fremd, einen Menschen überhaupt zu verunglimpfen, noch dazu im Fernsehen, ist mir noch viel fremder. Und ich bin Tierfreund und auch Menschenfreund. Als vor Jahren bei Dortmund gegen Bayern während einer Behandlungsunterbrechung für den Hauptschiedsrichter die vierte Offizielle Bibiana Steinhaus im Trainingsanzug eingeblendet wurde, hoffte ich für sie im Live-Kommentar, dass »sie auch das kurze Höschen dabei habe«, da sie bei einem tatsächlichen Ausfall als Ersatz einspringen müsse. Von einem als seriös geltenden Fußballmagazin wurde mir via Twitter in der Folge Frauenfeindlichkeit und Chauvinismus unterstellt. Plötzlich schlug mir aus den unterschiedlichsten Richtungen blanker Hass entgegen. Zumeist von Menschen und Gruppierungen, die das Spiel gar nicht gesehen hatten. Ich hatte mich eigentlich darüber geärgert, dass ich etwa zwei Wochen vorher, bei einer ähnlichen Situation, die exakt gleiche Formulierung gewählt hatte. Vierter Offizieller war damals Günther Perl. Ich mag Perl und Steinhaus und Männer und Frauen gleichermaßen. Weder Steinhaus noch Perl sah darin übrigens eine Verunglimpfung ihrer Person oder ihres Geschlechts.

Die Versuchung rund um Fußballspiele, durch eine zugespitzte, verkürzte, oder gar unrichtige Bemerkung Zuwendung und Aufmerksamkeit zu erhaschen, scheint groß zu sein. Community vergrößern um jeden Preis. So meldete sich der Chefredakteur jenes Magazins auch beim Spiel Bayern gegen Barcelona via Twitter zu Wort und befand, dass es Reporter gebe, »die solche Spiele angemessen kommentieren, und es gibt Wolf Fuß«. Mit ein paar Weißbieren auf der Fernsehcouch kann diese orthografische Unsauberkeit schon mal passieren. Der kritische Ansatz ist darüber hinaus erwartbar plump, aber erst mal nicht weiter tragisch. In nachfolgenden Tweets erläuterte er, ihm hatten unter anderem »Barfuß Jerusalem« und »der schlechte Zahn-Suárez-Witz« missfallen. Zur Erläuterung: Kimmich hatte Suárez in einem Zweikampf am Hals getroffen, der allerdings hielt sich den Zahn. Dies wurde von mir genauso wiedergegeben. Ohne Pointe, schon gar ohne bewusste Pointe. Und »Jerusalem« war eigentlich »Bethlehem«, aber immerhin noch Israel. Ein wunderbares Beispiel, wie die sozialen Medien heute oft funktionieren. Ein paar Unwahrheiten ergeben ein schiefes Ganzes. Auf einen Protagonisten einer Fernseh-Fußballübertragung gemünzt, ertönt normalerweise Applaus in Form von Likes für den Urheber. Auch in diesem Fall. Allerdings waren die Tweets hier derart überfüllt mit falschen Zitaten, inhaltlichen

Fehlern und orthografischen Mängeln, dass es den Urheber demaskierte und sein wahres Anliegen schonungslos entlarvte. Viele Kollegen aus der TV- und Sportbranche erkannten dies. Sie stigmatisierten und kritisierten die Zeilen. Hätte er etwas weniger blumig einfach nur geschrieben: »Ich mag den Kommentator WF nicht«, hätten womöglich ein paar gehobene Daumen gefehlt, sein Missfallen allerdings wäre sachlich und inhaltlich korrekt zum Ausdruck gebracht gewesen. So hat seine Reputation als Chefredakteur einen Hagelschaden erlitten. Mit Kritik umzugehen gehört mit zu meinem Beruf. Sich von einer solchen Form der kritischen Auseinandersetzung beeinflussen zu lassen wäre fatal. Sie wird wiederkommen. Und auch dies wird meine Lebensqualität nicht im Geringsten beeinflussen. Zum Abschluss dieses Tages nach dem Jahrhundertsieg der Bayern gegen Barcelona erreichten mich auch noch Nachrichten aus dem zu Lengenwang gehörenden Ortsteil Bethlehem im Ostallgäu. Hier wurde angedeutet, dass sie in ihrem Sportverein sich nun durchaus überlegten, auch mal barfuß antreten zu wollen. Andere bedankten sich, dass im Rahmen der Übertragung das kleine Örtchen im Landkreis Füssen zu bundesweiter Berühmtheit gelangt sei.

So zog er vorüber, dieser freie Tag in Lissabon. Auf der Dachterrasse unseres Hotels, an einem kleinen Pool mit Blick auf und über die angrenzenden Wohn- und Geschäftsgebäude. Ein großes Spiel, mit großem Echo. Es war klar, dass in Barcelona kein Stein auf dem anderen bleiben würde. Es war klar, dass Bayern ab sofort der Topfavorit bei diesem Turnier sein würde. Es war Samstag. Zwei deutsche Mannschaften standen im Halbfinale der Champions League. Leipzig hatte mit großer Leistung bereits am Donnerstag überraschend Atlético Madrid aus dem Wettbewerb geworfen. Für den Abend hatten wir uns vorgenommen, mit ein paar Kollegen das letzte Viertelfinale in einer

Tapasbar in der Altstadt von Lissabon zu verfolgen. Herrlich! Manchester City würde gegen Olympique Lyon mit wehenden Fahnen ins Halbfinale einziehen. Womöglich würde City-Trainer Pep Guardiola dann im Halbfinale gegen die Bayern gar versuchen, ganz nebenbei die katalanische Ehre zumindest ein Stück weit wiederherzustellen. Herrlichste Geschichten ließen sich schon vorher aus diesem Vergleich ableiten. Mit Pep und den Bayern und dem Scheich und seiner ewigen Sehnsucht nach dem Henkelpott. Ein Füllhorn an Themen. So saßen wir also beim Spanier in Portugal bei köstlichem Pata Negra und Gambas und allerhand kleinen kulinarischen Kostbarkeiten und erzählten uns Geschichten, wie das damals war mit Pep Guardiola bei den Bayern. Mit am Tisch saßen die Kollegen Patrick Wasserziehr, Uli Köhler und Michael Morhardt, und sämtliche Lieblingsanekdoten aus der guten alten Zeit kamen noch mal zur Aufführung. Als Uli Köhler und ich 2013 das erste Training von Guardiola bei den Bayern für Sky Sport News live kommentierten. 90 Minuten dehnen und laufen und stretchen und Steigerungsläufe und Passübungen und fünf gegen zwei. Und als wir uns fragten, wann es denn nun endlich losgehen würde mit dem Welttraining von diesem Welttrainer, da war die Einheit vor 20 000 erwartungsfrohen Zuschauern in der Allianz Arena auch schon wieder beendet. Mit der Quintessenz, wie genial normal das alles doch gewesen war. Nach diesem Training war ganz sicher nicht weniger als das erneute Triple zu erwarten. Nach dieser Nummer würde die Konkurrenz ganz sicher pulverisiert. Denn die ganz großen Geheimnisse und die große Magie hebt er sich natürlich für die Momente auf, in denen nicht viele Tausend Leute zuschauen und zwei Pappnasen für ein Fernsehpublikum berichten. Pep Guardiola erreichte in seinen drei Jahren in München kein einziges Champions-League-Finale. Was auch damit zu tun haben könnte, dass er in großen internationalen Spielen seine Ausnahmefähigkeiten als Taktiker, Analytiker und Trainer noch mal ganz besonders zu dokumentieren versucht. Alles bisher Dagewesene soll noch mal getoppt werden. Damit scheint er seine Mannschaften dann allerdings zu überfordern. So war es auch in seinen ersten beiden Jahren bei Manchester City. Deutlich vor dem Finale war Endstation. Aber zumindest gegen Lyon musste es einfach gut gehen. Auch ich war frohen Mutes. Zugegeben auch in eigenem Interesse. Ich hatte Manchester City in der Saison 2019/20 häufig gesehen. Vor und nach der Coronapause auch deren Spiele kommentiert. Dementsprechend war ich, was City betraf, voll im Bilde. Sicher, die Startformation gegen Lyon bereitete mir vorab etwas Kopfzerbrechen. Ein gelernter Rechtsaußen fehlte gänzlich in der Anfangsformation. Pep erlaubte sich mit de Bruyne, Gabriel Jesus und Sterling nur drei offensive Spieler. Aber irgendetwas wird sich dieses taktische Mastermind dabei schon gedacht haben. Was genau, blieb allerdings endgültig sein Geheimnis. Denn drei Bier und 200 Gramm Pata Negra später war Manchester City ausgeschieden. Das mir so wohlbekannte City wurde in den Schock-Urlaub geschickt, und ich hatte den Salat. Mit Olympique Lyon hatte ich seit 2010 und dem damaligen Halbfinale gegen die Bayern keinerlei Berührungspunkte mehr gehabt. Von damals spielte kein Spieler mehr im aktuellen Kader von Lyon. Bei Crema catalana und Espresso gingen wir mal eben durch, was wir so spontan über Lyon zu wissen glaubten: Memphis Depay spielt doch da?! Richtig! War der nicht ewig verletzt?! Stimmt, Kreuzbandriss, halbes Jahr! Ja, genau. War aber ganz gut heute! Der Dembélé spielt doch auch da?! Echt jetzt, DER Dembélé? Nee, der andere! Ach ja, Mensch, den hatten wir mal bei Celtic, hat heute zweimal getroffen! Der Tousart ist ja jetzt zur Hertha gewechselt! Ja, stimmt, 25 Millionen, guter Mann! Ach ja, weißte, wer da hinten drin spielt? Wer? Der Marcelo! Was'n für'n

Marcelo? Na der, der in Hannover gespielt hat! Ach ne?! Doch, doch! Aber so gut war der damals nicht, oder?! Joa, der hat da ein paar Mal über den Ball getreten, dann haben sie ihn abgegeben. Und der spielt jetzt ein Champions-League-Halbfinale? Schau an!

Es war für mich, aus rein arbeitstechnischer Sicht, die schlimmstmögliche Nachricht bei diesem Turnier. Ich hatte vier Tage Zeit, um ein hinreichend qualifiziertes Bild von einer Mannschaft und von einem Verein zu gewinnen. Trainer, Philosophie, Aufbau, Struktur, Transferaktivitäten, Entwicklung, taktische Varianten und Schemata, mögliche Elfmeterschützen, Standardexperten, Spieleröffnungen, Wechselvarianten, Stärken, Schwächen, Vorlieben und Angriffsflächen. Eigenheiten von Trainer und Assistenten und Spielern und überhaupt alles und jedes noch so kleine und unwichtig erscheinende Detail über diesen Club zu erfahren. Warum Depay einen großen Löwen auf den Rücken tätowiert hat und warum er so scharf kritisiert wurde, als er sich mit einem Liger auf dem Arm ablichten ließ. Und was ist überhaupt ein Liger?! Viele Fragen, unendlich viele Fragen. Dessen wurde ich mir gewahr am Samstag, den 15. August, gegen 23 Uhr. »Ich muss jetzt los«, sagte ich und verabschiedete mich aus der Runde.

Mir war schon klar, warum ich kurz nach meiner Ankunft noch mal mein Zimmer wechselte. Großzügig hatte das Hotel mir ein Zimmer-Upgrade gewährt. Das allerdings musste aufgrund der sparsamen Befensterung nahezu ohne Tageslicht auskommen. Ich entschied mich für das etwas kleinere, dafür aber deutlich hellere Zimmer im vierten Stock. Das Zimmer lag zu einem Innenhof. Wobei, Innenhof trifft es nur sehr ungenau. In diesem zugegeben großzügigen Innenhof befanden sich praktisch sämtliche Ventilatoren, Lüftungssysteme und Klimaanlagen des kompletten Häuserkomplexes. Diese funktionierten tadellos. Mal alle gleichzeitig, mal vereinzelt. Aber einer lief im Grunde immer. Ich lernte im Verlaufe der Tage sehr genau zu unterscheiden, wann ein reiner Lüftungsventilator lief und wann ein Klimagerät. Das eine kündigte sich in der Regel mit einem sehr spitzen Fauchen an, das andere mit einem sehr dumpfen Brummen.

Selbstverständlich hätte ich mich über ein paar Stunden Lustwandeln am Tejo gefreut, über etwas Müßiggang am Strand. Über ein heiteres Schirmchengetränk am Pool. Über einen Nachmittag auf der Poolnudel mit meinem hoch geschätzten Kollegen Patrick Wasserziehr. Aber meine Wirklichkeit hieß Fauchen und Brummen und Lyon. Alle aus meinem persönlichen Netzwerk, die in irgendeiner Form Berührungspunkte mit dem französischen Fußball haben, bat ich zum Gespräch. Selbst die, die einfach nur gerne französisch essen. Ich schaute mir Auszüge von Spielen von Olympique unter Trainer Sylvinho an. Ich brauchte Anhaltspunkte, wie sich das Spiel unter seinem Nachfolger, dem aktuellen Coach Rudi Garcia, verändert hatte. Er hatte die Mannschaft im Oktober 2019 übernommen und von Platz 14 auf Rang sieben in der französischen Liga geführt. Anfang März wurde die Ligue 1 nach 28 Spieltagen unterbrochen und abschließend gewertet. Erstmals seit 1996 drohte Lyon als Tabellensiebter einen internationalen Wettbewerb zu verpassen. Ende Juli verlor Lyon unglücklich das Pokalfinale gegen Paris Saint-Germain. Nach Elfmeterschießen. Schließlich verloren sie bei Juventus Turin das Achtelfinalrückspiel der Champions League 2:1. Durch den 1:0-Hinspielsieg allerdings zogen sie ins Viertelfinale ein. Durch eine einfache, aber listige Taktik besiegten sie Pep Guardiolas Manchester City. Auch all dies schaute ich mir noch einmal an. Und zwischendurch Fauchen und Brummen. So setzte sich bis zum Spieltag am Mittwoch Puzzleteil für Puzzleteil zusammen. Ich könnte hier guten Gewissens auch sämtliche Elfmeterschützen und deren bevorzugte Ecken und Quoten mit anführen, aber das würde wahrhaftig zu weit führen. Und ein Liger ist eine Kreuzung aus männlichem Löwen und weiblichem Tiger. Die Vorbereitung erfolgt in dem klaren Wissen, dass 95 Prozent von all dem Erarbeiteten völlig umsonst sind und unerwähnt in die virtuelle Tonne wandern. Im richtigen Moment das Richtige zu wissen und sagen und erklären zu können ist die Herausforderung. Dies geht nur, wenn man zumindest glaubt, alles zu wissen. Das ist eine Illusion. Aber es ist mein Antrieb. Die Vorbereitung ist der Hauptteil meiner Arbeit. Mit Beginn der Übertragung ist es nur noch Vergnügen.

Die Partie fand im Estádio José Alvalade statt. Normalerweise die Heimspielstätte von Sporting. Ein Stadionpunkt für mich. Meine bisherigen Besuche in Lissabon mündeten alle ins Estádio da Luz von Benfica. Unsere Einsatztruppe von Sky war überschaubar: Kommentator, Redakteur, Interviewer, ein Reporter von Sky Sport News, zwei Techniker, ein Produktionsleiter. Bei einem gewöhnlichen Champions-League-Spiel in normalen Zeiten ist die Vor-Ort-Mannschaft mindestens doppelt so groß. Aber in diesen besonderen Zeiten bekamen die übertragenden Fernsehsender von der UEFA nur das Nötigste an Personal genehmigt. Manche TV-Stationen verzichteten auch freiwillig darauf, überhaupt Personal nach Lissabon zu entsenden. Mundschutzpflicht herrschte ab Betreten des Stadiongeländes. Vor Betreten des eigentlichen Stadions wurde Fieber gemessen. Schon am Morgen mussten wir, analog zur Bundesliga, einen Gesundheitsbogen mit Covid-relevanten Fragen beantworten. Dieser wurde online ausgefüllt und verwertet, und bei grünem Licht kam per E-Mail eine entsprechende Bestätigung. Solange diese nicht vorlag, war ein Betreten des Stadions ausgeschlossen. Wir kamen jeweils ohne Zwischenfälle durch. Die ersten Eindrücke aus dem Alvalade: sehr hoch, sehr steil und sehr weit weg. Rückennummern von dort oben zu erkennen war praktisch unmöglich. Wohl dem, der die Jungs aus Lyon – mittlerweile – auch am Laufstil erkennt.

Die Partie entpuppte sich als hartes Stück Arbeit für die Bayern. Bei Weitem kein Malus. Ganz im Gegenteil. Es war dies ein Champions-League-Halbfinale, der zweithöchste Feiertag im europäischen Vereinsfußball. Da darf es nach Arbeit aussehen. Das 8:2 gegen die Traditionself des FC Barcelona war fünf Tage alt, und es würde nicht mehr als eine Fußnote der Vereins- und Wettbewerbsgeschichte werden, wenn das für die Münchner gegen Olympique schiefgehen sollte. Lyon war nicht nur Außenseiter, sondern auch am liebsten Außenseiter, und das ließ man die Bayern in der Anfangsphase spüren. Olympiques Markenzeichen ist nicht viel Ballbesitz, sondern der richtige. So hatte der Favorit aus der Bundesliga eine brenzlige Anfangsphase zu überstehen. Inklusive Großchance und Pfostentreffer. Nach 18 Minuten allerdings kam Serge Gnabry und trug ein Erbstück von Arjen Robben vor. Balleroberung auf der rechten Seite, dann im Vollsprint die Linie lang, Dribbling, nach innen ziehen, Schuss, Tor! Ein Bilderbuchtreffer, der dieses Spiel zugunsten der Bayern beruhigte. Mit seinem 2:0 ebnete nach 33 Minuten erneut Serge Gnabry den Weg ins Finale. Kurz vor Schluss traf auch noch Robert Lewandowski – zum 15. Mal in dieser Champions-League-Saison. Der Rekordtorschütze in einer Saison der Königsklasse ist Cristiano Ronaldo. Er traf 2013/14 siebzehnmal. In dreizehn Spielen. Lewandowski fünfzehnmal in jetzt zehn. Die Quote des kommenden Fußballers des Jahres 2020 in Europa. Der Ballon d'Or wurde in diesem Jahr nicht vergeben, da die großen Kontinentalwettbewerbe nicht ausgetragen wurden. Der FC Bayern München stand zum elften Mal im Finale des größten europäischen Vereinswettbewerbs. Zum ersten Mal seit 2013. Der Gegner hieß Paris

Saint-Germain. Das hatte tags zuvor RB Leipzig sicher und souverän mit 3:0 besiegt. Ein würdiges Finale der beiden besten Mannschaften bei diesem Turnier, der beiden besten Teams in Europa.

Der Donnerstag nach dem Spiel. Auf der Dachterrasse am Pool. Alles war gut gelaufen. Sky hatte die beste Quote für ein Champions-League-Spiel der Sendergeschichte erzielt. Die Nachrichten, Reaktionen und Feedbacks auch via Social Media waren zahlreich, aber praktisch ohne Befund. Nichts vom Tierschutz, nichts von irgendeiner Glaubensgemeinschaft. Die meisten schienen zufrieden mit Ergebnis und Kommentar. Dazu ein bisschen was an Kritik, hier in gebündelter Zusammenstellung: »Warum schreien Sie immer so? Warum warst du so zurückhaltend – hast du ein Problem, dass Bayern im Finale steht? Man merkt, dass du bis zum Anschlag im Bayern-Arsch steckst! Typisch, man merkt, dass Sie Bayern nicht mögen! Warum lässt man ausgerechnet eine schwarz-gelbe Zecke so ein Spiel kommentieren? Warum bist du nicht für die deutsche Mannschaft? Ein bisschen mehr Neutralität bitte, das ist ja ekelhaft, nur Drecks-Scheiß-Bayern!« Offenbar hatte ich also den richtigen Ton getroffen. Schon unmittelbar nach dem Spiel hatte sich allerdings abgezeichnet, dass mir ein unverzeihlicher, schlimmer Lapsus unterlaufen war, der eigentlich Konsequenzen nach sich ziehen hätte müssen. Ich kann mir bis heute nicht erklären, wie es dazu kommen konnte. Mein einziger Ansatz ist, dass zum Ende der Übertragung allerhand Verkehr auf meinem Ohr war. Die Sendezentrale versorgte mich nach Abpfiff mit jeder Menge Informationen bezüglich Sendehinweisen, Gewinnspiel, Zeitangaben. Diese kommen, für den Fernsehzuschauer unbemerkt, über eine interne Kommunikationsleitung direkt auf meinem Kopfhörer an. Und dabei ist es passiert. Ich wünschte allen Zuschauern eine angenehme Nacht und viel Spaß und gutes

Gelingen bei den Interviews und sagte Tschüss und vergaß den einen Satz: Bleiben Sie sportlich. Meine standardisierte Verabschiedungsfloskel seit 20 Jahren. Der einzige Satz, von dem ich schon vor jedem Spiel weiß, dass ich ihn sagen werde. Doch diesmal – verhühnert, weggelassen, vergessen. Ich weiß nicht, warum. Vergessen. Und nicht mal gemerkt. Schon unmittelbar, als wir vom Sender waren, schaute mich mein Redakteur entgeistert an und fragte: »Was war los?« »Hä, was meinst du?« »Du hast es nicht gesagt!« »Was genau?« »Na hier, bleiben Sie sportlich.« »Hab ich nicht?« »Nee. Das ist natürlich schlecht.« »Is es echt!« Vergessen. Vor 20 Jahren entstanden und quasi aus der Not geboren. Ein Premier-League-Spiel, ich weiß nicht mehr, welches es war, endete mit einer brutalen Grätsche. Der Schiedsrichter zeigte glatt Rot, pfiff kurze Zeit später ab, und es entstand eine Massenkeilerei auf dem Feld. Mit dem Abpfiff teilte mir mein Sendungsleiter mit, dass ich noch 20 Sekunden habe, um die Übertragung zu beenden und mich zu verabschieden. Unten boxten die Akteure, und ich sollte mich verabschieden. Da fiel mir dann nichts Besseres ein, als zu sagen: »Unschöne Szenen hier, aber wir müssen los. Hier geht's jetzt gleich mit dem nächsten Spiel weiter, bleiben wenigstens Sie sportlich. Und tschüss.« Der Sendungsleiter zeigte sich beeindruckt von so viel Spontaneität in der Kürze der Zeit, und so wurde dieser Satz fortan zu meiner Verabschiedungsfloskel. Immer, wenn es irgendwie geht. Bis zum 19. August 2020. Eine ganze Reihe an Zuschauern hinterlegte diesen »Lapsus« mit Augenzwinkern in den einschlägigen Netzwerken und persönlichen Nachrichten.

Im Gegensatz zu Lyon war Paris Saint-Germain, was die Vorbereitung betraf, ein Klacks. Mit Thomas Tuchel, einem deutschen Trainer, den ich von vielen Begegnungen und Gesprächen aus der Bundesliga sehr gut kenne. PSG, das sich 2011 mit dem

Einstieg katarischer Investoren als echte Weltmarke etabliert hat. Die Leitplanken des Financial Fairplay werden hier bis an die Grenzen gedehnt, wahrscheinlich auch überdehnt. So ganz genau weiß das keiner. Seit Beginn dieser neuen Zeitrechnung war klar, das große Ziel in Paris ist der Champions-League-Sieg. Koste es, was es wolle. Dabei sollte der 2018 verpflichtete Thomas Tuchel helfen. Der nationalen Konkurrenz ist er mit seiner Mannschaft längst entwachsen. Jetzt standen sie zum ersten Mal in der 50-jährigen Vereinsgeschichte im Finale des größten Wettbewerbs im europäischen Vereinsfußball. Der ehemalige Bundesligatrainer von Mainz 05 und Borussia Dortmund hatte sich kurz vor Start des Turniers bei einer Fitnesseinheit den Mittelfuß gebrochen. So betrat er den Innenraum stets mit Krücken und verfolgte die Spiele sitzend auf einer Kühlkiste in der Coaching-Zone. Die Kühlkiste sollte zum Thron werden. Es war ihm über die Coronapause gelungen, aus einem Ensemble von Super-Egos mit Neymar, Di María, Mbappé und Konsorten eine echte Einheit zu formen. Gegen Bergamo im Viertelfinale gewannen sie das Spiel durch zwei späte Tore in der Nachspielzeit, gegen Leipzig überlegen. Während der Lockdown-Phase hatten nahezu alle ausländischen Spieler von PSG Frankreich verlassen. Thomas Tuchel hielt über fast drei Monate ausschließlich telefonisch mit ihnen Kontakt. Gemeinsames Cybertraining, wie beispielsweise bei den Bayern erfolgreich praktiziert, war aufgrund der unterschiedlichen Zeitzonen unmöglich. Es wurden individuelle Trainingspläne erstellt und an das Verantwortungsbewusstsein der Spieler appelliert. Mit Erfolg. Ende Juli gewann PSG die beiden nationalen Pokalwettbewerbe. Die Meisterschaft wurde ihnen schon im März zugesprochen. Nun stand die Mannschaft vor dem größten Erfolg der Vereinsgeschichte.

Sky hatte spontan für den Tag vor dem Finale noch eine Sondersendung zum Abschlusstraining der Bayern angesetzt. Der

Erkenntnisgewinn bei öffentlichen Abschlusstrainings hält sich für gewöhnlich in überschaubaren Grenzen. Aber vor einem Champions-League-Finale mit deutscher Beteiligung ist alles wichtig. Das war 2013 und 2012 und 2010 so und sollte auch 2020 so sein. »32.5 degrees«, brummte mir der Steward mit dem Fieberthermometer am Stadion entgegen. »Everything okay!«, fachsimpelte er. »What do you mean, okay? 32.5?«, fragte ich. »I think you have the opposite of Corona.« Er lachte. Ein Witzbold. Fairerweise muss ich sagen, dass er das Thermometer eher an den Stahlträger neben mir hielt als an meine Stirn. Ich horchte in mich hinein und erkannte erleichtert ein normal temperiertes Körpergefühl. So ganz ohne Erkenntnisgewinn waren die insgesamt 30 Minuten öffentliches Training diesmal übrigens nicht. Jérôme Boateng konnte nach seiner verletzungsbedingten Auswechslung gegen Lyon voll mittrainieren. Beim Trainingsspiel ließ Hansi Flick exakt dieselbe Elf zusammenspielen, welche auch gegen Lyon gestartet war. Dies allerdings sollte sich als kleines Ablenkungsmanöver herausstellen. Am Tag danach ließ er Kingsley Coman für Ivan Perišić in die Startformation rutschen.

Der Tag des Finales. Ohne Zweifel ein besonderer Tag. In diesem Fall so außergewöhnlich, weil niemand in dieser Stadt Notiz zu nehmen schien von diesem größten Spiel in der Champions League. Einige wenige Fußballfans aus München und Paris waren eingeflogen, um den Mannschaften nahe zu sein. Ohne allerdings auch nur den Hauch einer Chance zu haben, wirklich in ihre Nähe zu kommen. Die portugiesische Polizei hatte vorsichtshalber verstärkt Einsatzkräfte am Stadiongelände postiert. Man weiß ja nie. Geschätzte 200 Kiebitze standen schließlich auf einer Aussichtsplattform unweit des Stadions und verfolgten von Weitem die Einfahrt der Mannschaftsbusse. 2019, beim Finale in Madrid, waren wir extra schon drei Stunden vor Anpfiff zum Stadion gefahren, um dem größten Verkehrschaos zu entgehen. Steven Gerrard, der damals eine Stunde vor Anpfiff unser Gast am Spielfeldrand im Estadio Wanda Metropolitano sein sollte, rief uns 20 Minuten vor seinem Auftritt aufgeregt an und sagte, er wisse nicht, ob er es pünktlich schaffe. Er sei soeben im Stau auf der Autobahn aus dem Auto ausgestiegen und mit seiner Frau und Entourage zu Fuß unterwegs und habe noch gute anderthalb Kilometer Marsch vor sich. Problem: Seine Frau habe sich für die 120er Louboutins entschieden und könne nicht so schnell. Ausziehen sei keine Alternative, da der Asphalt brüllend heiß sei und für Huckepack ihr Kleid zu kurz. Nachvollziehbar, hier das Risiko im Verkehr mit Tausenden Fußballfans möglichst gering halten zu wollen. Aber Gerrard ist auch deshalb eine Fußballlegende, weil er vor solch banalen Problemen nicht kapituliert. Er überließ seine Frau der Obhut der mitmarschierenden Delegation des Liverpool Football Club und setzte zum Sprint an, um schließlich pünktlich am Spielfeldrand zum Interview zu erscheinen. Im Jahr 2020 gab es nichts dergleichen. Kein Verkehrschaos, keine Angst, zu spät zu kommen. Wir erreichten das Estádio da Luz zwei Stunden vor Anpfiff. Zehn Minuten später saßen wir auf den Kommentatorenplätzen. Keine weitgereisten zusätzlichen Experten und Interviewgäste – es durfte ja keiner ins Stadion hinein. Nur Jorge Valdano, den ehemaligen argentinischen Nationalspieler und Sportdirektor von Real Madrid, erkannte ich von Weitem. Er war als Co-Kommentator im Einsatz. Wir winkten uns fröhlich zu, wie wir das rund um das Halbfinale auch schon gemacht hatten. Vor diesem Turnier waren wir uns noch nie persönlich begegnet. Für wen auch immer er mich hielt – ja, ich bin es! 35 Plätze bekam jeder Finalistenverein insgesamt zugesprochen. Da heißt es haushalten mit den Einladungen für verdiente und hochrangige Mitarbeiter. Ich für meinen Teil war froh, beim

Eintritt ins Stadion wieder mit meinen üblichen 36,5 °C Körpertemperatur gemessen worden zu sein. Ein denkwürdiges Turnier unter besonderen Umständen und Vorzeichen erreichte seinen Höhepunkt. Kein schmückendes Beiwerk, kein Rahmenprogramm, kein Musik-Act vorneweg, keine Eröffnungsfeier, keine wuselnden Menschen, die auf Segways über den Rasen fetzen, kein Paul Breitner in Ritterrüstung am Mittelkreis wie anno 2013. Der Einlauf beschränkte sich auf das Nötigste. Der Pokal und beide Mannschaften. Die Unterränge der Tribünen waren jeweils mit großen Champions-League-Planen verhüllt. Die jeweils 35 Mitglieder der Delegationen versuchten sich an Fangesängen. Eine akustische Note nicht ohne humoristischen Effekt. Der Pariser Männergesangsverein war vielleicht sogar noch eine Spur lauter als das Münchner Pendant. Noch nie in der Geschichte des Fußballs fand ein derart großes Fußballspiel unter tristeren Rahmenbedingungen statt. Und die beiden Mannschaften, die am besten und professionellsten mit diesen Umständen umzugehen vermochten und noch dazu den besten Fußball spielten, bestritten dieses denkwürdige Champions-League-Finale 2020. Für mich persönlich war es ein besonderes Turnier unter besonderen Voraussetzungen in besonderen Zeiten. Jedes Finale ist besonders, aber dieses bekommt noch mal eine Extra-Vitrine. Kingsley Coman erzielte das entscheidende Tor. Ein klassischer Fall für ein »ausgerechnet« im Sportreporterjargon. Gegen seinen Ausbildungsverein, gegen den Club, bei dem er sein Profidebüt geben durfte. Hansi Flick hatte auch diesmal wieder ein gutes Bauchgefühl gehabt, indem er den jungen Franzosen von Beginn an auf das Feld schickte. Flick brauchte 35 Spiele, um aus einer Mannschaft und Spielern voller Fragezeichen einen Triple-Sieger zu formen. Nie war der Weg zum Triple kürzer, nie schien er unwahrscheinlicher als vor diesen 35 Spielen. Flick ist exemplarisch dafür, was ein Trainer auch in einem Starensemble mit starken Egos bewirken kann. Aus dem ehemals perfekten Assistenten von Joachim Löw war der perfekte Chef geworden. Die Bayern feierten nach 2013 das zweite Triple der Vereinsgeschichte. »Der Pott ist rot. Der FC Bayern München ist Champions-League-Sieger 2020«, sagte ich bei der Pokalübergabe. Bei den Feierlichkeiten echte, ehrliche, ausgelassene Freude. Keine Kameras an Weißbiergläsern, keine sponsorenbedingten, vorher erdachten Abläufe. Nur kindlicher, natürlicher, grenzenloser Jubel im kleinen Kreis. Thomas Tuchel zeigte sich hinterher als fairer Verlierer. Ein kleines Stück fehlte zum Titel. Er würdigte insbesondere die Leistung des gegnerischen Torwarts. Manuel Neuer in dieser Überform, das sei auch ein bisschen Wettbewerbsverzerrung gewesen.

Coronabedingt gab es während der Turniertage keinerlei Auffälligkeiten. Bei Atlético Madrid hatte es zwei bestätigte positive Fälle unmittelbar vor Turnierstart gegeben, hier isolierte der Club rechtzeitig und wirksam. Beim FC Barcelona war ein Spieler betroffen, der allerdings aufgrund einer Verletzung ohnehin keinen Kontakt zur ersten Mannschaft und zum entsprechenden Mitarbeiterstab hatte. Das Unparteiischenwesen hatte noch unmittelbar vor dem Restart der internationalen Spiele auf die aktuelle Situation mit einer Regeländerung reagiert: Es sollte bei absichtlichem Husten in Richtung eines Gegenspielers unter Missachtung des Mindestabstands glatt Rot geben. Auch diese Regel kam während der zwölf Tage in Lissabon nicht zur Anwendung. Als weit nach Abpfiff des Finales Jorge Valdano zu mir kam und zum Abschied die Hand reichte, wurde mir fast ein bisschen melancholisch zumute. Dieser Fußball-Philosoph, diese Legende des Weltfußballs widersetzte sich zum Abschied allen Corona-Regeln und gab mir die Hand. Ich nahm sie mit einer Mischung aus Verwunderung und Stolz. Ein banaler Handschlag stand plötzlich symbolisch für einen ganzen Zeitabschnitt.

Da war eigentlich eine Schicksalsgemeinschaft, aus Journalisten und Fußballspielern, aus Verantwortlichen und Fans. Doch jeder sollte und musste und durfte nur sein eigenes Schicksal leben. Das Miteinander fehlte. Das ist ein kleiner, aber eben auch ein elementarer Teil. Nicht nur im Fußball.

CHAMPIONS LEAGUE – Finalturnier in Lissabon

Viertelfinale

Mittwoch, 12. August, im Estádio do Sport Lisboa e Benfica (Viertelfinale I)
Atalanta Bergamo – Paris Saint-Germain 1:2

Donnerstag, 13. August, im Estádio José Alvalade (Viertelfinale II)
RB Leipzig – Atlético Madrid 2:1

Freitag, 14. August, im Estádio do Sport Lisboa e Benfica (Viertelfinale III)
FC Barcelona – FC Bayern München 2:8

Samstag, 15. August, im Estádio José Alvalade (Viertelfinale IV)
Manchester City – Olympique Lyon 1:3

Halbfinale

Dienstag, 18. August, im Estádio do Sport Lisboa e Benfica (Halbfinale I)
RB Leipzig – Paris Saint-Germain 0:3

Mittwoch, 19. August, im Estádio José Alvalade (Halbfinale II)
FC Bayern München – Olympique Lyon 3:0

Finale

Sonntag, 23. August, im Estádio do Sport Lisboa e Benfica
Paris Saint-Germain – FC Bayern München 0:1

Paris Saint-Germain
Navas – Kehrer, Thiago Silva, Kimpembe, Bernat (80. Kurzawa) – Marquinhos – Herrera (72. Draxler), Paredes (65. Verratti) – Di María (80. Choupo-Moting), Neymar, Mbappé

Bayern München
Neuer – Kimmich, Boateng (25. Süle), Alaba, Davies – Thiago (86. Tolisso), Goretzka – Gnabry (68. Coutinho), Müller, Coman (68. Perišić) – Lewandowski

FAKTEN UND ZAHLEN ZUM FINALE

Tore: 0:1 Coman (59.)

Karten: Paredes, Neymar, Thiago Silva, Kurzawa – Davies, Gnabry, Süle, Müller (alle Gelb)

Schiedsrichter: Daniele Orsato (Italien)

Zuschauer: keine

Das nächste neue Normal

MORGENS halb neun in der Lounge einer Fluggesellschaft am Düsseldorfer Flughafen. »Mensch, der Rosé ist ja ganz hervorragend«, schwärmt ein Fluggast. »Ob ich davon noch ein Gläschen bekommen könnte?!« »Ja, aber selbstverständlich«, sagt die Dame, die an diesem Sonntagmorgen den Servicebereich an der Bar verantwortet. »Darf ich Ihnen den kompletten Rest der Flasche einschenken?« Sie wartet die Antwort gar nicht ab, sondern beginnt zügig mit dem Eingießen. Während der Gast fasziniert dabei zusieht, wie sich das Glas füllt, sagt er mit verliebter Stimme: »Ach, wissen Sie was, das ist eine sehr gute Idee.« Die Frau weiß sehr genau, was sie tut, und hat Augenmaß bewiesen. Der Schankvorgang endet zwar deutlich über dem Viertel-Liter-Eichstrich, jedoch so gerade eben noch vor dem Ende des Glases. Das Hinausperlen der letzten paar Tropfen aus der Flasche ins Glas imitiert der Herr mit einem entsprechenden Wippen des Kopfes. »Herrlich, danke«, sagt er und lächelt. Vorsichtig führt er das Glas zum Mund und nimmt einen kräftigen Schluck. »Ahhh«, macht er, dreht sich zufrieden um und geht zügigen Schrittes zu seinem Sessel. Vorsichtig stellt er das Glas ab, entledigt sich jedweder Körperspannung und lässt sich in das Sitzmöbel fallen. Er nippt noch mal vorsichtig an seinem Wein, behält ihn zunächst im Mund und schlotzt ihn schließlich so, dass wirklich alle Geschmacksnerven in seinem Mund etwas von dieser Köstlichkeit haben. Das ist er also, der Nektar der Götter. Wer hätte gedacht, dass man ihn in einer Flughafenlounge in Düsseldorf findet. Er setzt seine überdimensionierten Kopfhörer auf und widmet sich einer actiongeladenen Serie. Eine halbe Stunde später erkenne ich ihn im Flugzeug wieder. Er sitzt drei Reihen hinter mir. Gangplatz. Die Beine so gut es geht ausgestreckt, die Augen geschlossen. Die Kopfhörer trägt er noch immer. Er grunzt ein zufriedenes Nickerchen-Grunzen. Zwischendurch schmatzt er. Gerade so, als würde er jeden einzelnen Schluck dieses köstlichen Getränks im Traum noch einmal durchgehen.

Es ist Oktober geworden. Ein Hauch von Normalität an einem deutschen Flughafen. Die Lounges haben wieder geöffnet. Von normalem Betrieb, Flugverkehr und Personenaufkommen kann allerdings noch längst nicht die Rede sein. Für Fußballstadien gilt dasselbe. Die neue Saison rollt mittlerweile. Der Bundesligastart am 18. September zwischen Bayern und Schalke erfolgte ohne Zuschauer. Der Inzidenzwert in München war zu hoch. Inzidenz ist ein Begriff aus der Epidemiologie. Er beziffert die Neuerkrankungsrate einer bestimmten Krankheit in einem bestimmten Gebiet. Die neue Währung für viele Bereiche des öffentlichen Lebens. Definiert wurde dieser tägliche Wert für den Zeitraum von einer Woche. Unter 35 Corona-Neuinfektionen pro 100 000 Einwohner bedeuten: im Rahmen der Gegebenheiten alles okay. Oberhalb dieses Signalwertes ist mit Einschränkungen zu rechnen. Im Fußball zum Beispiel, dass mit hoher Wahrscheinlichkeit keine – zumindest keine nennenswerte Anzahl – Zuschauer ein Fußballstadion besuchen dürfen. Ab einem Schwellenwert von 50 Neuerkrankungen je 100 000 Einwohner ist mit sichtbaren Einschränkungen zu rechnen. Zuschauer in Fußballstadien sind dann mit höchster Wahrscheinlichkeit ausgeschlossen. Grundsätzlich sah das Hygienekonzept der DFL eine maximale Auslastung von 20 Prozent der eigentlichen Stadionkapazität vor. Die Entscheidung über die Auslastung oblag letztlich den Behörden und Gesundheitsämtern der Kommunen.

Am 19. September beim Borussen-Duell in Dortmund waren gut 9000 Zuschauer zugegen. Das fühlte sich auch für mich als Kommentator zumindest wieder ein Stück weit nach dem an, was ich bis Anfang März 2020 als Fußballerlebnis kannte. Eine Wohltat für die Ohren. 9000 Menschen, wo sonst über 80000 sind. Eine Wohltat. Man ist genügsam geworden. Die Zeiten haben sich verändert. Objektiv betrachtet ist es schlicht immer noch besser als gar keine Zuschauer.

Am Tag vor der frühmorgendlichen Weinverkostung übertrug ich am 3. Oktober 2020 das rheinische Derby zwischen dem 1. FC Köln und Borussia Mönchengladbach. Dieses Duell war einst im März 2020 das erste Geisterspiel der Bundesligageschichte gewesen – im Borussia-Park. Noch zu Wochenbeginn hatte in Köln großer Optimismus geherrscht, dass dieses Spiel vor etwa 9000 Zuschauern würde stattfinden können. Am Donnerstag davor lag der Inzidenzwert in Köln knapp über 35. Am Abend wurden Zuschauer für dieses Spiel von den Behörden ausgeschlossen. Weitere 24 Stunden später wurden dann doch 300 Fans zugelassen, die am Spieltag selbst, auf der Gegentribüne verteilt, Platz nehmen durften. Ein enormer logistischer Aufwand für die Vereine. Eine Geduldsprobe für die Anhänger. In Frankfurt durften am selben Tag 8000 Fans ins Stadion. Trotz eines Wertes in der Stadt, der ebenfalls über 35 lag. Als Ursache für den erhöhten Wert dort stellte sich ein Ausbruchsgeschehen dar, das klar lokalisiert und eingegrenzt werden konnte. Deshalb wurden im Stadion der Eintracht ein paar Tausend Zuschauer zugelassen, in Köln nur ein paar Hundert. Das Virus hatte die Gesellschaft und die Ligen nach wie vor fest im Griff. Einige Vereine stellten die Frage nach der Verhältnismäßigkeit, unterstellten gar Willkür. Sie alle mussten sich mit mittlerweile gelernten Stehsätzen der deutschen Virus-Krisen-Bürokratie der Behörden zufriedengeben: Wir befinden uns in »dynamischen Prozessen«, und es wird weiterhin »auf Sicht gefahren«. Es wurde gefahren, aber ohne Planungssicherheit. Das Zweitligaspiel am Sonntag des dritten Spieltags zwischen dem Hamburger SV und Erzgebirge Aue wurde abgesagt. Zwei Spieler der Sachsen waren positiv auf Corona getestet worden. Dem kompletten Kader wurde umgehend Quarantäne verordnet. Der tags darauf durchgeführte Nachtest ergab allerdings jeweils negative Befunde. Ja, der Unvorhersehbarkeit dieser Pandemie und deren scheinbar urplötzlicher Dynamik bürokratische, verständliche, faire und allgemein tragfähige Strukturen zu verpassen ist nicht nur nicht so einfach. Es ist schlicht unmöglich. Wobei der deutsche Profifußball immer noch zu jenen Branchen gehörte, denen eine Chance zum Überleben gegeben wurde. Viele andere bekamen diese Chance nur sehr eingeschränkt, wenn überhaupt. Für mich als Kommentator bedeutete das, spontan zu bleiben. Im Live-Kommentar mein Kerngeschäft. Was meine Reise- und Übernachtungsroutinen betraf: jede Menge Neuland. Zwischenzeitlich wohnte ich in einer Region, die zum Risikogebiet erklärt wurde. Der Inzidenzwert lag über 50. Einige Bundesländer wie Baden-Württemberg und Bayern verordneten für Besucher aus Risikogebieten ein Beherbergungsverbot der Hotelbetriebe. Außer man konnte einen negativen, maximal 48 Stunden alten Coronatest nachweisen. So reiste ich am zweiten Spieltag aus dem Risikogebiet München in das Nicht-Risikogebiet Sinsheim zur Partie Hoffenheim gegen Bayern mit dem Privat-Pkw an und fuhr direkt nach Abpfiff wieder nach Hause. 6030 Zuschauer waren im Stadion und erlebten nach knapp neun Monaten wieder eine Niederlage der Münchner.

Ich war für meinen ersten beruflich bedingten Coronatest am

21. September 2020 vorgesehen. Der war anlässlich des europäischen Super-Cup-Duells zwischen dem FC Bayern und dem FC Sevilla in Budapest verpflichtend. Der Test war so gesetzt, dass wir 48 Stunden später in die ungarische Hauptstadt fliegen konnten. Diese hatten wir allerdings 48 Stunden später auch wieder zu verlassen. Die Einreise konnte zudem auch nur mit einem sogenannten Super-Cup-Visum erfolgen. Neben der offiziellen Akkreditierung brauchte es dazu ein Einladungsschreiben des ungarischen Fußballverbandes sowie einen sogenannten »Letter of Support« des ungarischen Ministeriums für Auslandsangelegenheiten und Wirtschaft – Abteilung Sportdiplomatie. Deutschland war nämlich von Ungarn zum Risikogebiet erklärt worden. UEFA und Ungarn wollten dieses Spiel unter allen Umständen stattfinden lassen. Und entgegen aller Warnungen auch vor Zuschauern. 20 000 Menschen waren insgesamt eingeplant für dieses Spiel zwischen Champions-League-Sieger und Europa-League-Sieger. 60 000 Menschen fasst diese Spielstätte eigentlich. 3000 Tickets wurden den beiden Vereinen jeweils zur Verfügung gestellt.

Ich hatte sämtliche notwendigen Unterlagen schon in der Woche vor dem Finale zusammen. Dazu Flug und Hotel. Der Coronatest war vorgabengetreu terminiert. Ich war in freudiger Erwartung eines erneut fußballhistorischen Ereignisses und voller Vorfreude auf ein dann sicher spektakuläres letztes Kapitel für dieses Buch. Am Donnerstagnachmittag des 17. September erklärte das deutsche Robert Koch-Institut Budapest zum Hochrisikogebiet. Das Auswärtige Amt gab eine Reisewarnung heraus. Der Inzidenzwert der ungarischen Metropole war auf über 100 gestiegen. Nach kurzer Beratung entschieden wir uns bei Sky, keine Mitarbeiter dorthin zu entsenden, sondern sämtliche Interviews und auch den Kommentar aus dem Studio in München zu produzieren. Die Reise hätte sämtliche Mitarbeiter einem zu großen Risiko ausgesetzt und eine fünftägige Quarantäne nach sich gezogen. Das Spiel fand trotz größter Kritik der europäischen Gesundheitsbehörden trotzdem statt. Die so grandios gedachte Geschichte für dieses Buch verkommt so zur Randnotiz: Ich kommentierte aus dem Nicht-Risikogebiet Unterföhring im Landkreis München das 2:1 der Bayern nach Verlängerung gegen den FC Sevilla im Hochrisikogebiet. Es war der vierte Titel der Bayern in diesem Jahr – das Quadruple. Nicht mal die Hälfte aller Eintrittskarten, die den Bayern-Fans für das Spiel zur Verfügung standen, wurden letztlich auch genutzt. Aus Sevilla kamen nur einige Hundert. Bei zugelassenen 20 000 Zuschauern im Stadion waren offiziell 15 180 Plätze besetzt. Die Partie, ursprünglich auch als Pilotprojekt für die Rückkehr von Fans in Fußballstadien gedacht, geriet eher zum Symbol für Ignoranz. UEFA-Präsident Aleksander Čeferin verteidigte das Projekt vehement. Viele Spieler lobten im Nachhinein, es habe gut getan, mal wieder vor einer nennenswerten Anzahl an Zuschauern zu spielen. Eine Woche später holten sich die Bayern in einer leeren Allianz Arena auch noch den deutschen Supercup gegen Borussia Dortmund – und damit das Quintuple.

Auch der Transfermarkt in Deutschland und weltweit musste der Corona-Entwicklung der vergangenen wie der kommenden Monate Rechnung tragen. Die Transferperiode in der Bundesliga endete am 5. Oktober und dauerte damit in diesem Jahr 82 Tage. 19 Tage länger als in gewöhnlichen Jahren. Es wurde taktiert und spekuliert, und so viele Transfers wie noch nie gingen am letzten Tag über die Bühne. Die großen Transfers bei den großen Clubs liefen nach wie vor, auch schon deutlich vor dem sogenannten Deadline Day. Aber die wirklich überhitzten, vollkommen surrealen Summen wurden in diesem Sommer nicht bezahlt. Leroy Sané wechselte für 45 Millionen von Manchester City zum FC Bayern. Noch im Jahr zuvor hätte er mehr als das Doppelte gekostet. Kai Havertz, der für ein Gesamtvolumen von circa 100 Millionen von Leverkusen zum FC Chelsea wechselte, war im europäischen Fußball der teuerste Transfer des Sommers. Beide waren Anfang Oktober schon längst im Einsatz für ihre neuen Teams. Real Madrid gab erstmals seit 40 Jahren keinen Cent für Neuzugänge aus. Clubs wie der SV Werder Bremen waren dringend darauf angewiesen, Spieler zu verkaufen, um wirtschaftlich handlungsfähig zu bleiben und Defizite im Haushalt auszugleichen. So wurde beispielsweise Davy Klaasen für geschätzte 11 Millionen zu Ajax Amsterdam verkauft. Obwohl er ein unumstrittener Leistungsträger war. Gleiches gilt auch für Milot Rashica, der eigentlich ebenfalls für finanzielle Spielräume bei Werder sorgen sollte. Für ihn stand wenige Stunden vor Schließung des Transferfensters eine Privatmaschine am Flughafen Bremen bereit. Für ein kurzfristig zu definierendes Ziel in England, in die Stadt eines Erstligisten. Schließlich wurde umdisponiert, und er machte sich mit dem Auto auf den Weg nach Leverkusen. Aber auch hier fanden beide Clubs in der Kürze der Zeit keinen Konsens, und so drehten Rashica und sein Berater um und kamen am Abend wieder in Bremen an. Er hat noch einen Vertrag bis 2022. Dass der Club und der Spieler schon zum nächsten Transferfenster einen neuen Anlauf nehmen, ist wahrscheinlich.

Insgesamt investierte die Bundesliga über 320 Millionen Euro in neue Spieler. Laut dem Fachportal transfermarkt.de 426 Millionen Euro weniger als im Jahr davor. In der englischen Premier League, der finanzstärksten Fußballliga der Welt, beliefen sich die Gesamtausgaben auf über 1,3 Milliarden Euro. Aber auch hier war ein Rückgang von circa 220 Millionen zu verzeichnen. Auch bei den Investoren-gestützten Clubs war also zumindest ein Hauch von Zurückhaltung zu spüren. Oder aber sie profitierten von etwas marktgerechteren Preisen. Oder beides.

Epilog

RICHTUNG Spätherbst und Winter wurden die Infektionszahlen wieder deutlich dramatischer. Die Gesellschaft und damit auch der Fußball bekamen das zu spüren. So waren diese ersten Saisonspiele Vorboten dessen, was den Fußballfan und die Vereine in den nächsten Monaten, vielleicht Jahren, erwarten wird. Der Ball rollt wieder und weiter. Erst mal. Ja. Allerdings bis auf Weiteres in Stadien, die nur eingeschränkt ausgelastet werden dürfen. Bestenfalls mit Zuschauern, die erst zwei Tage vor dem Spiel erfahren, ob sie wirklich ins Stadion dürfen. Zuschauer, die Dauerkarteninhaber sein müssen, um fürs Losverfahren um die zur Verfügung stehenden Tickets überhaupt infrage zu kommen. Kurzentschlossene, die ohne Chance auf Eintrittskarten sind. Auswärtsfans, die zu Hause bleiben müssen. Die Vereine stöhnen über Millionenverluste und sehr eingeschränkte Planungssicherheit. In den europäischen Wettbewerben erlaubt die UEFA für die Saison 2020/21 eine 30-prozentige Auslastung der Stadien. Allerdings mit der Einschränkung, dass die regionalen Behörden und Gesundheitsämter dies auch so zulassen müssen.

Am 2. November 2020, so hatten es Bund und Länder verfügt, wurde dieses Land einem erneuten Lockdown unterzogen. Einer Light-Version, so hieß es. Zunächst für vier Wochen. Die Infektionszahlen in Deutschland und in Europa hatten zuvor neue Höchststände erreicht. Der Profibetrieb im Fußball durfte weiterlaufen. Erst mal. Der Amateurfußball dagegen musste pausieren. Viele andere Berufszweige mussten ebenfalls eine Zwangspause einlegen. Gemessen daran hat der Profifußball in dieser Pandemie die geringsten Probleme. Er liefert bestenfalls einen Hauch dessen, was wir bis Anfang März 2020 als Normalität kannten.

Niemand kann seriös absehen, wann ein normales, ausgelassenes Stadionerlebnis wie früher wieder möglich ist. Fußball wird gespielt, aber wann kann er wieder gelebt werden? Wann können die großen Meisterparaden wieder steigen? Wann werden wieder 25 000 auf der Südtribüne in Dortmund stehen dürfen? Wann wird in den Stadien wieder gemeinschaftlich gejubelt und gesungen und geschimpft und geweint und gelacht werden? Wann kann wieder das gelebt werden, was diesen Sport über alle Millionentransfers hinaus in besonderem Maße ausmacht? Im Sommer 2021 findet die Europameisterschaft statt. Mit einem Jahr Verspätung. Mit 24 Nationen in 12 Städten in 12 Ländern. Erstmalig. Einmalig. Wahrscheinlich. Wenn alles gut läuft. Mit Zuschauern? Schwer zu sagen. Mit welcher Auslastung? Seriöse Prognosen sind schwierig dieser Tage. Aber es geht weiter, irgendwie. So lange und so gut wie möglich. Wann es wieder so sein wird wie vorher, weiß niemand. Da unterscheidet sich diese Branche nur unwesentlich von den meisten anderen. Besondere Zeiten, mit maximalen Herausforderungen. Für alle. Der Rest ist nur Fußball.

Bleiben Sie sportlich!

Dank

WER JEMALS in seinem Leben ein Buch veröffentlichen will, stellt sehr schnell fest: Dies ist nicht das Werk eines Einzelnen. Es trägt die Handschrift eines Einzelnen und ist doch ohne die Mitarbeit von ganz vielen Menschen unmöglich. Dr. Hanna Leitgeb, meine Buchagentin, war mir auch dank ihres großen Erfahrungsschatzes, ihres Blicks für Gliederung und Struktur sowie ihrer Liebe zum Detail eine ganz wesentliche Stütze. C. Bertelsmann mit Karen Guddas an der Spitze sowie Franziska Föste und Heidrun Gebhardt war wie schon bei »Diese verrückten 90 Minuten« ein vertrauensvoller, verlässlicher Partner. Mit vier Frauen ein Fuss-Ball-Buch zu machen ist nicht nur möglich, sondern war auch ein großer Spaß. Mit Arno Matschiner, kompetent nicht nur bei Dritter und Zweiter Liga, als Lektor enträtselten sich zudem manche Mysterien der Kommasetzung.

Mein Dank geht auch an sämtliche im Buch aufgeführten Fernsehsender und Partner, die mich so sein lassen, wie ich bin. Sowie an die Mitarbeiter und Kollegen aus Technik und Redaktion, die alles für einen reibungslosen Ablauf der Sendungen tun, was zum Glück für einige Kapitel im vorliegenden Buch zumindest ab und zu auch mal nicht gelingt. Des Weiteren an Michael Morhardt für mittlerweile über 16 Jahre treue, loyale, fundierte, selbstlose Unterstützung inner- und außerhalb der Stadien dieser Welt – ein wahrer Freund. Wie auch Dr. Matthias

Kühnl, der mir in Bereichen abseits des Platzes den Rücken freihält. Zu guter Letzt danke ich Anna, Emmi und Milla, die viele Wochen im Jahr auf mich verzichten müssen und mich trotzdem immer mit offenen Armen empfangen: Ihr seid das Wichtigste. Der Rest ist nur Fußball. Danke für alles.

Namensregister

AC Mailand siehe Mailand, AC
Alaba, David 168
Alexander-Arnold, Trent 150
Allianz Arena (Stadion FC Bayern München) 57, 111, 174, 196
Alte Försterei (Stadion Union Berlin) 48, 57, 104
Ameln, Stefan von 20
Anfield Road (Stadion FC Liverpool) 15 f., 142, 144, 147 ff., 151
Arminia Bielefeld 160
Arsenal London 132–137
Arteta, Mikel 138
AS Rom siehe Rom, AS
Atalanta Bergamo 137, 182
Atlético Madrid 15, 166, 173, 186
Aue, FC Erzgebirge siehe Erzgebirge Aue, FC
Augsburg, FC 142
Augustinsson, Ludwig 87
Aytekin, Deniz 16, 46

Barcelona, FC 10, 96, 137, 142, 147–151, 168 f., 172 f., 186
Baum, Manuel 107
Baumgart, Steffen 78
Bayer 04 Leverkusen 59, 72, 116, 126, 141, 159, 165
Bayern München, FC 10, 47, 49, 58, 65, 67 f., 70,72, 79, 84, 111, 115 f., 125, 136, 141, 142, 151, 158 f., 168 f., 171 ff., 179 f., 182, 186, 192, 194 ff.
Becker, Alisson 149
Benfica Lissabon 178
Benteler-Arena (Stadion SC Paderborn) 79
Bergamo, Atalanta siehe Atalanta Bergamo
Berlin, 1. FC Union siehe Union Berlin, 1. FC
Berthold, Thomas 164
Bethlehem (Ostallgäu) 173
Bielefeld, Arminia siehe Arminia Bielefeld
»Black Lives Matter« 82
Boateng, Jérôme 69, 183
Boateng, Kevin-Prince 111
Borussia Dortmund 10, 13 f., 16 ff., 45 ff., 65, 67–70, 72, 78 f., 83 f., 87, 96 f., 99, 120, 136, 151, 159, 171, 193, 196

Borussia Mönchengladbach 14 f., 57, 59, 72, 88, 124 ff., 129, 135 f., 141, 159, 193
Borussia-Park (Stadion Borussia Mönchengladbach) 59, 136, 193
Brasilien (Fußballnationalmannschaft) 169
Bratseth, Rune 88
Breitner, Paul 185
Bremen, Werder siehe Werder Bremen
Brink, Bernhard 165
Brinkhoff's Ballgeflüster (BVB-Talkrunde) 67
Bruyne, Kevin de 175
Brych, Felix 28
Burdenski, Dieter 88
Bürki, Roman 68
BVB siehe Borussia Dortmund

Caligiuri, Daniel 18
Čeferin, Aleksander 196
Celtic Glasgow 175
Champions League 10 ff., 14, 16, 18 f., 96, 111, 130, 132, 142, 145, 148–151, 166 f., 170, 173 f., 176–180, 182 f., 185, 195
Chelsea London 137, 168, 197
Coman, Kingsley 183, 185
Córdoba, Jhon 134
Costa, Danny da 115
Coutinho, Philippe 168
Cramer, Carsten 83
Crystal Palace 100

Davies, Alphonso 125, 170
Dembélé, Moussa 175

Depay, Memphis 175 f.
Deutsche Fußball Liga (DFL) 10, 20, 38, 42 f., 50, 58, 81 ff., 87, 137, 157 f., 192
Deutscher Fußball-Bund (DFB) 69, 82
Deutschland (Fußballnationalmannschaft) 169
Dickel, Norbert (»Nobby«) 19, 46, 67
Di María, Ángel 182
Djilobodji, Papy 156
Dortmund, Borussia siehe Borussia Dortmund
Dresden, Dynamo siehe Dynamo Dresden
Drews, Jürgen 164
Düsseldorf 63, 72
Düsseldorf, Fortuna siehe Fortuna Düsseldorf
Dynamo Dresden 42, 160

Eberl, Max 124, 129
Eintracht Frankfurt 68, 86 f., 111 f., 115, 156, 193
Elland Road (Stadion Leeds United) 59
Emirates Stadium (Stadion Arsenal London) 132, 134
England (Fußballnationalmannschaft) 85
Erzgebirge Aue, FC 194
Essen 94
Estadio Alfredo di Stéfano (Stadion Real Madrid) 165
Estádio José Alvalade (Stadion Sporting Lissabon) 178

Estádio da Luz (Stadion Benfica Lissabon) 178, 184
Estadio Santiago Bernabéu (Stadion Real Madrid) 165, 169
Estadio Wanda Metropolitano (Stadion Atlético Madrid) 184
»Eurofighter 1997« (Schalke 04) 102
Europa League 18, 85 f., 130 ff., 137, 141, 159, 195
Evers, Roland 147

FA Cup (England) 138
Fandel, Herbert 28
Favre, Lucien 79
Fenske, Marco 95
Firmino, Roberto 148
Flick, Hans-Dieter (»Hansi«) 68, 70, 111, 125, 136, 183, 185
Floyd, George 82
Fortuna Düsseldorf 20, 142, 156 ff.
Frankfurt, Eintracht siehe Eintracht Frankfurt
Freiburg, SC 88, 120
Friedrich, Arne 42

Garcia, Rudi 177
Gerrard, Steven 184
Glasgow, Celtic siehe Celtic Glasgow
Gnabry, Serge 168, 179
Goretzka, Leon 17, 99, 117, 126
Gräfe, Manuel 28
Guardiola, Josep (»Pep«) 111, 143, 174
Guerreiro, Raphaël 46

Haaland, Erling 46
Hagen, Nina 56
Haifa, Maccabi siehe Maccabi Haifa
Hainer, Herbert 168
Hakimi, Achraf 84
Hamburger SV 159 f., 194
Hammer, Ole 81
Hannover 96 176
Harit, Amine 17
Havertz, Kai 196
Hazard, Thorgan 46, 81
Heidenheim, 1. FC 159
Heino 164 f.
Hellmann, Sebastian 77
Hertha BSC 42, 46, 49, 58, 141, 159
Hoffenheim, TSG 58, 141, 159, 194
Hübner, Bruno 89
Huddersfield Town 102
Hünemeier, Uwe 84
Hütter, Adolf (»Adi«) 89

Ibrahimović, Zlatan 58
Ilsanker, Stefan 89
Inter Mailand 93, 137

Jesus, Gabriel 175
Juist (Insel) 77 f.
Juist, TSV 77
Juventus Turin 137, 165, 177

Kalou, Salomon 42 ff.
Kamada, Daichi 87
Karius, Loris 149
Kehrer, Thilo 17
Keller, Fritz 159
Kersting, Laura 89

Kiewel, Andrea 164
Kimmich, Joshua 68, 168, 170, 172
Kinhöfer, Thorsten 69
Klaasen, Davy 197
Klopp, Jürgen 15, 103, 142 f., 147–151, 166
Kohfeldt, Florian 87 f., 142, 156, 158
Köhler, Uli 174
Köln, 1. FC 15, 118, 130–135, 137, 142, 156, 158
Kolumbien (Fußballnationalmannschaft) 85
Konopljanka, Jewhen 18
Kostič, Filip 87, 89
Kovač, Niko 85 f.

Labbadia, Bruno 47
Lazio Rom 137
Leeds United 59
Leipzig, RB 72, 136, 168, 173, 180
Leverkusen, Bayer 04 siehe Bayer 04 Leverkusen
Lewandowski, Robert 98, 115, 118, 125, 158, 168, 179
Ligue 1 (Frankreich) 177
Lineker, Gary 69
Lissabon 166, 168, 173 f., 178
Lissabon, Benfica siehe Benfica Lissabon
Lissabon, Sporting siehe Sporting Lissabon
Littbarski, Pierre 135
Liverpool, FC 10, 15, 137, 142 ff., 148–151, 165 f., 184
London, Arsenal siehe Arsenal London
London, Chelsea siehe Chelsea London
Löw, Joachim (»Jogi«) 186
Lyon, Olympique siehe Olympique Lyon

Maccabi Haifa 171
Madrid, Atlético siehe Atlético Madrid
Madrid, Real siehe Real Madrid
Mailand, AC 137
Mailand, Inter siehe Inter Mailand
Mainz 05, 1. FSV 141 f.
Manchester City 15, 19, 137, 142 f., 146, 174 f., 177
Manchester United 25, 137
Mané, Sadio 146, 148
Marcelo (Antônio Guedes Filho) 175
Matondo, Rabbi 104
Matthäus, Lothar 28
Mbappé, Kylian 182
McKennie, Weston 17, 82
Merkel, Angela 38
Meyer, Max 100 f.
Mönchengladbach, Borussia siehe Borussia Mönchengladbach
Morhardt, Michael 20, 48 f., 64, 70 f., 83, 97 f., 143, 168, 174
Müller, Gerd 159
Müller, Thomas 118, 125, 168

Naldo 18
Nastasić, Matija 17
Neapel, SSC 137
Neuer, Manuel 58, 67, 158, 186
Neymar 182

Oberhausen 17
Olympiastadion (Berlin) 18, 115, 159
Olympique Lyon 174–179
Origi, Divock 149 f.
Ostendorp, Heiko 50
Oxlade-Chamberlain, Alex 145

Paderborn 75 f., 78, 105
Paderborn 07, SC 20, 69, 78 ff., 83 f., 141
Parc des Princes (Prinzenpark; Stadion Paris Saint-Germain) 14, 16
Paris Saint-Germain 14, 16, 177, 179, 181 f.
Perišić, Ivan 115, 168, 183
Perl, Günther 172
Peters, Peter 100, 102
Pewsum, TuS 77
Pléa, Alassane 125
Preetz, Michael 43
Premier League (England) 15, 102, 137, 181, 197

Rafati, Babak 69
Ramos, Sergio 117
Rashica, Milot 197
Rauball, Reinhard 83
Real Madrid 19, 96, 137, 151, 165, 184, 197
RB Leipzig siehe Leipzig, RB
Rebić, Ante 112
Rehhagel, Otto 88
Reus, Marco 123
Rheda-Wiedenbrück 106
Robben, Arjen 25

Robert Koch-Institut 195
Robertson, Andrew 149
Rom, AS 137, 148
Rom, Lazio siehe Lazio Rom
Ronaldo, Cristiano 179
Rose, Marco 124, 129
Rosin, Volker 32
Rossi, Semino 71
Ruhrgebiet 94, 99, 104
Rummenigge, Karl-Heinz 168

Saarbrücken, 1. FC 116
Salah, Mohamed 144, 146, 148, 151
Salzburg, RB 86 f.
San Siro (Giuseppe-Meazza-Stadion, Mailand) 18
Sancho, Jadon 81 f., 84, 104
Sané, Leroy 196
Santo, Franco di 17
Schalke 04, FC 13 f., 17 f., 45 f., 82, 88, 93 f., 100–107, 118 ff., 141, 192
Schmadtke, Jörg 130 f., 135 f.
Schmelzer, Marcel 84
Schmidt, Frank 159
Schneider, Jochen 100, 102 f.
Seifert, Christian 43
Semedo, Nélson 170
Serie A (Italien) 137
Sevilla, FC 195 f.
Shankly, Bill 11
Shaqiri, Xherdan 149
Signal Iduna Park (Stadion Borussia Dortmund) 19, 131
Silva, André 87, 89
Simeone, Diego, 15

Skripnik, Viktor 156
Sky (TV-Sender) 14, 16, 47, 49, 56, 77, 80, 85, 169, 178, 180, 182, 195
Sky Sport News 47, 111, 174, 178
Söder, Markus 56
Sommer, Yann 125
Sporting Lissabon 178
Stadelheim, Justizvollzugsanstalt (München) 23, 27
Stark, Wolfgang 28
Stegemann, Sascha 69
Steinhaus, Bibiana 171 f.
Sterling, Raheem 175
Stevens, Huub 17
Stieler, Tobias 69
Stöger, Peter 130
Stuttgart, VfB 160
Suárez, Luis 168, 172
Supercup (DFL) 196
Super Cup (UEFA) 195
Sylvinho 177

Tedesco, Domenico 17 f., 103
ter Stegen, Marc-André 150
Thuram, Marcus 125
Tönnies, Clemens 105 f.
Toprak, Ömer 87
Torunarigha, Jordan 42
Tottenham Hotspur 137, 151, 168
Tousart, Lucas 175
Tuchel, Thomas 14, 181 f., 186

Turin, Juventus siehe Juventus Turin

UEFA 10, 19, 130, 166 f., 178, 195 f., 199
Union Berlin, 1. FC 47 f., 58 f., 104, 141 f., 156 ff.
Valdano, Jorge 184, 186
Vander, Christian 89
VfB Stuttgart siehe Stuttgart, VfB
VfL Wolfsburg siehe Wolfsburg, VfL
Vidal, Arturo 170

Wagner, David 102 f., 107
Wagner, Thomas 80
Wasserziehr, Patrick, 174
Watzke, Hans-Joachim (»Aki«) 83
Wegner, Hans-Ullrich (»Ulli«) 17
Wenger, Arsène 137
Werder Bremen 18, 86–89, 136, 141 f., 155–159, 197
Wijnaldum, Georginio (»Gini«) 149
Wolfsburg, VfL 18, 129 f., 135 f., 141, 149, 158 f.

»You'll never walk alone« (Vereinshymne FC Liverpool) 142

Zirkzee, Joshua 125